나비의
꿈

이 책은 2015 충남문화재단 문학예술창작지원금으로 제작되었습니다.

내 인생의
첫 고전
나비의 꿈

2015년 10월 26일 제1판 제1쇄 발행
2020년 8월 27일 제1판 제3쇄 발행

지은이	최은숙
그린이	노계선
펴낸이	강봉구

편집	김윤철
디자인	비단길
표지그림	한단하
캘리그라피	훈민정필(송병훈, hoonie59@hanmail.net)
인쇄제본	(주)아이엠피

펴낸곳	작은숲출판사
등록번호	제406-2013-000081호
주소	413-170 경기도 파주시 신촌로 21-30(신촌동)
전화	070-4067-8560
팩스	0505-499-8560

홈페이지	http://cafe.daum.net/littlef2010
페이스북	http://www.facebook.com/littlef2010
이메일	littlef2010@daum.net

ⓒ최은숙, 노계선

ISBN 978-89-97581-79-5 43140
값은 뒤표지에 있습니다.

열세 살 내 인생

내 인생의 **첫**고전 장자

장

자

최은숙 글
노계선 그림

작은숲

차례

 자유롭게 노닐다　　　　　　　　〈소요유〉

2 사물을 고르게 하다 〈제물론〉

3 참된 삶을 사는 길 〈양생주〉

4 사람 사는 세상 〈인간세〉

5 내면에 덕이 가득해서 저절로 드러나다

⟨덕충부⟩

이 책을 읽는 여러분에게

1

지금부터 여러분이 읽게 될 ≪장자莊子≫는 중국의 사상가이며 철학자인 장자 아저씨가 지은 책이에요. 사마천의 ≪사기史記≫에 따르면 장자 아저씨는 B.C. 4세기 후반, 중국의 송宋나라 몽蒙 땅에서 태어나셨어요. 장자 아저씨는 고향에서 하급 관리로 일하며 가난하게 살았어요. 식량을 얻으러 다니고 낡은 신발을 발에 묶어 신었지만, 가난이 자신을 누추하게 만든다고 생각하지 않았어요. 많은 사람이 중국 역사에서 가장 매력 있는 인물로 장자 아저씨를 꼽는데, 어느 것에도 얽매이지 않는 아저씨의 호방하고 자유로운 성품과, 한계가 없는 생각의 크기가 그 이유 가운데 하나예요. 사람들이 평화롭고 행복하게 사는 데 걸림돌이 되는 것은 가난이나 질병, 죽음과 같은 고통이 아니라 자기를 좁은 틀 안에 가두는 자기 자신이라고 장자 아저씨는 말씀하셨어요.

2

≪장자≫ 첫 장은 영화의 한 장면처럼 시작돼요. 크기를 알 수 없을 만큼 어마어마하게 큰 물고기 '곤'이 수평선을 가득 채우면서 바다에 모습을 드러내요. 어느 순간 곤은 몸을 바꾸어 새가 되는데 이 새 이름이 '붕'이에요. 붕도 얼마나 큰지 날개가 하늘을 덮는 구름 같아요. 붕은 단번에 구만 리를 치솟아 올라 여섯 달을 쉬지 않고 날아가는 에너지를 가진 새예요. 장자 아저씨의 시원하고 거침없는 상상력, 멋지죠?

2400여 년 전에 살았던 장자 아저씨의 이야기를 지금 우리가 듣는 것은 어떤 의미가 있을까요? 이 글을 쓸 때, 제가 마음속에 두고 대화를 나누었던 독자는 무한한 가능성을 가진 여러분, 십 대 청소년들이었어요. 가난하거나 부자거나, 몸이 약하거나 건강하거나, 소심하거나 활발하거나, 날씬하거나 뚱뚱하거나, 남에게 괴롭힘을 받거나 남

을 괴롭히거나, 불량하거나 모범적이거나 상관없이 여러분 모두가 장자 아저씨를 만나 대화하면서 자기 안에 있는 가장 아름다운 모습을 발견하고, 그 모습으로 살아갈 수 있기를 바랐어요.

물고기가 자기 안에 구만리장천을 날 수 있는 새가 있다는 걸 알 때, 곤이 붕이고 붕이 곤이라는 것을 깨달을 때, 자신을 초월하는 기적이 일어난다고 생각해요. 최고의 지혜는 자기가 누구인지를 아는 거예요. 따돌림당하고 상처 입는 초라한 내가 정말 나일까? 친구를 괴롭히는 내가 정말 나일까? 사실은 더 자유롭고 능력이 있는 존재라는 걸 알지 못하고 사는 것은 아닐까? 내가 경험하고 있는 이 세계가 전부일까? 차원이 다른 세상이 있지 않을까? 내가 확신하고 있는 이것은 정말 옳은 것일까? 지혜를 얻기 위한 첫걸음은 그렇게 자신이 알고 있는 것을 하나하나 의심하는 거예요.

3

　우리는 질문하는 법을 잊어버렸어요. 너무나 바빠서 가장 중요한 문제에 대해 궁금해 할 틈이 없어요. 자기에게 있는 가장 옹졸하고 힘 없는 모습만 보면서 쉽게 지치고 쉽게 절망하며 살아가요. 장자 아저 씨를 만나면서 저도 그런 제 모습이 괴롭고 부끄러웠어요. 그래서 여 러분과 함께 우리 삶의 한 장면 한 장면에서 일어나는 우리의 마음과 태도를 정신 차리고 들여다보는 훈련을 하자고 생각했어요. 욕심내 는 것이 손에 잡히지 않아 괴로울 때, 사람들이 내 마음에 들지 않는 행동과 말을 하여 상처 입을 때, 누군가 나를 나쁘게 말해 화가 날 때, 사랑하는 친구와 다투고 괴로울 때, 반장 선거에 나갔다가 떨어져서 자존심이 상할 때, 뜻대로 공부가 되지 않아 힘들 때, 부모님이 편찮 으셔서 슬플 때, 장자 아저씨를 만나 보세요. 그러한 문제들로부터 배 워야 할 것이 무엇인지 가르쳐 주실 거예요.

4

　장자 아저씨께서 자주 말씀하시는 '도道'는 뜬구름 잡는 막연한 말이 아니라, 그렇게 답을 찾아간 진인眞人들의 툭 트인 세상이에요. 어떤 사람에겐 불편하고 답답한 곳일지라도 도에 이른 사람들은 가볍게 신나게 자유롭게 살죠. 같은 장소에 있어도 서로 다른 세상을 사는 거예요. 우리도 그렇게 될 수 있지 않을까요? 무한한 상상력과 직관으로 내가 세상에 단 하나뿐인, 아름답고 매력 있는 존재이면서 동시에 세상의 모든 존재와 한몸이라는 비밀을 깨달아 가는 데 이 책이 도움이 된다면 고맙겠습니다.

　원고를 꼼꼼하게 살피고 조언해 주신 유구중학교의 김영희 선생님과 공주정명학교의 김흔정 선생님, 변함없이 격려해 주시는 작은숲의 강봉구 대표께 감사드립니다. 그리고 창작 공간을 내주신 '글을 낳

는 집'의 김규성 선생님과 김선숙 선생님, 고맙습니다. 따뜻한 살핌과
배려 잊지 않겠습니다.

2015년 가을, 최은숙

일러두기

현재 전해지는 ≪장자 莊子≫는 〈내편〉 7편, 〈외편〉 15편, 〈잡편〉 11편으로 구성되어 있
습니다. 그 가운데 〈내편〉의 글들이 비교적 오래되고 통일성이 있어 장자 아저씨의 사
상이 가장 잘 드러난 글이라고 보는 점에 학자들의 의견이 일치합니다. 그래서 〈내편〉
가운데 많이 알려져 있고, 학생들이 발랄하고 싱싱하게 성장해 가는 데 도움이 된다 생
각되는 스물세 편의 글을 뽑아 쉽게 풀이했습니다. 나비같이 아름답고 붕새같이 늠름
한 우리의 진짜 모습을 찾으러 떠나 볼까요?

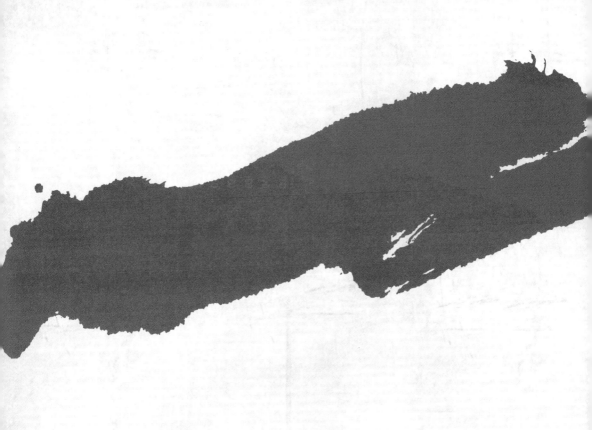

물고기가 변하여 새가 되다

매미와 비둘기가 붕鵬을 비웃다

요堯임금이 나라를 허유에게 넘겨주고자 함

큰 박과 손 트는 데 쓰는 약

자유롭게 노닐다

〈소요유〉

마음 내키는 대로 슬슬 거닐며 노닌다는 건
구속받지 않고 자유롭게 산다는 뜻이죠.
누가 우릴 구속할까요?
가장 벗어나기 힘든 구속은
스스로 자신의 생각을 옭아매는 구속이에요.

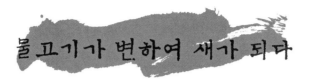

물고기가 변하여 새가 되다

'세상에 이런 일이'라는 텔레비전 프로그램을 보면 냉면에 개미를 잡아넣어 먹는 아주머니부터 유리를 씹어 먹는 아저씨에 이르기까지 깜짝 놀랄 만한 일들이 소개되지요. 장자莊子께서 말씀하시길 중국에도 아주 이상한 일들을 적어 놓은 책이 있었답니다. ≪제해齊諧≫라는 책인데요, 거기에 우리가 한 번도 본 적이 없는 엄청나게 큰 새 이야기가 나온다고 해요. 얼마나 큰지 한번 날아오르면 바다에 파도가 일어 삼천 리 밖까지 퍼져 나간다는 거예요. 이 새가 원래는 물고기였대요. 그것도 고기인지 아메리카 대륙인지 알 수 없을 만큼 어마어마하게 큰 물고기였대요.

북쪽 깊은 바다에 물고기가 있었다. 이름은 '곤鯤'이다. 크기가 몇 천

리인지 알 수가 없었다. 이 물고기가 변하여 새가 되었는데 새의 이름은 '붕鵬'이다. 등 길이가 몇 천 리인지 알 수가 없었다. 붕이 힘차게 날아오르면 그 날개가 마치 하늘을 가득 드리운 구름 같았다. 바다 기운이 움직이면 붕은 남쪽 바다로 가려고 하는데, 그 바다를 옛날부터 '하늘 못'이라고 불렀다.

≪제해≫는 아주 이상한 일들을 적어 놓은 책이다. ≪제해≫에 나오는 이야기로는 붕이 남쪽 바다로 갈 때, 파도가 삼천 리 밖까지 일고 회오리바람을 타고 구만 리를 치솟아 오르며 여섯 달을 날아가서 하늘 못에 도착한 뒤에야 쉰다.

세상에 이런 일이 있을 수 있을까요? '꿈보다 해몽'이라는 말이 있지요. 꿈보다 꿈 풀이가 더 중요하다는 뜻이에요. 사실보다 해석이 더 중요하다는 말도 되지요. 사실일까, 아닐까를 따지는 것도 중요하지만, 거기에서 그치지 않고 이야기에 담긴 뜻이 뭘까, 궁리하는 데까지 나아가는 게 훨씬 의미 있는 일이 아닐까요? 이 이야기는 마치 암호 같아요. 보물섬을 표시해 놓은 지도처럼 말이지요. 영화의 한 장면 같기도 하고요. 바다를 통째로 꿈틀거리게 하며 거대한 새로 변하는 물고기, 심상치 않은 회오리바람이 일어나며 물결을 박차고 까마득히 솟구쳐 오르는 새, 구름같이 펼쳐진 새의 날개, 가슴이 툭 터질 만큼 시원하고 멋진 장면이죠? 사람은 붕처럼 자유로운 존재가 될 수 없을까요? 곤이 변하여 붕이 되는 변신이 사람에겐 불가능한 일일까요?

인도의 유명한 소설가 '아룬다티 로이'는 인도의 니르마다 강에 건설되는 댐 때문에 파괴되는 자연과 삶의 터전을 잃고 강가에서 쫓겨나가는 사람들을 본 뒤, 더 이상 마음 편한 인기 작가에 머무를 수 없게 되었지요. 그래서 부조리한 삶의 현장을 세상에 알리고 불의에 맞서 힘껏 싸우는 진짜 작가가 돼요. 어부 베드로는 예수님을 만나는 순간, 그물을 놓고 예수님을 따라나섰어요. 그들은 모두 새로운 존재가 되는 벼락 같은 경험을 한 사람들이었어요. 안정된 직장, 명예, 돈 이런 것들과는 비교할 수 없는 세상이 있다는 것을 깨달은 것이지요.

한 끼만 굶어도 배가 고프고 친구가 기분 나쁜 말 한 마디만 해도 하루 종일 마음이 상하는 우리들이지만 장자 아저씨는 그런 우리들도 자신을 뛰어넘는 존재가 될 수 있다고 말씀하셨어요. 욕심, 미움, 질투, 외로움, 두려움……. 우리를 힘들게 하는 것들은 모두 족쇄예요. 그것들이 족쇄라는 걸 아는 것이 중요해요. 알아야 풀어 버릴 수 있고 자유로운 존재가 될 수 있겠지요? 우리는 신나게, 멋있게 살 권리가 있어요.

장자 아저씨가 누군지 궁금하시죠? 아저씨의 이름은 주周예요. 중국 전국 시대에 송宋나라 몽蒙 땅에서 공자보다는 약 180년쯤 뒤, 맹자와는 비슷한 시기에 태어났어요. 아저씨의 고향인 송나라는 전쟁이 끊임없이 일어나는 아주 혼란한 땅이었죠. 게다가 힘이 약한 나라였어요. 얼마나 살기 힘들었을까요? 죽음과 고통 속에서 사람들은 자유에 대한 고민을 치열하게 할 수밖에 없었겠지요.

장자 아저씨는 보기 드문 천재였다고 해요. 사람들의 어리석음과 비굴함, 오만함을 가차 없이 비웃고 또 가엾게 생각했어요. 많은 사람이 중국 역사에서 가장 매력 있는 인물로 장자를 꼽아요. 아저씨의 이야기는 상식을 뛰어넘는 기발한 상상력으로 가득 차 있어요. 얼마나 재미있는 이야기가 많은지 몰라요. 함께 한 편, 한 편 읽어 나가기로 해요. 어느 날 우리 안에 있는 붕이 날개를 활짝 펴고 구만 리 하늘을 솟구쳐 오르는 기적이 일어나기를 기대하면서.

매미와 비둘기가 붕鵬을 비웃다

물고기가 변하여 커다란 새가 된 붕이 구만 리나 하늘을 치솟아 올라 남쪽으로 여섯 달을 날아간다는 말을 듣고 매미와 작은 비둘기가 비웃었다.

"우리는 힘껏 날아올라 봤자 느릅나무와 박달나무 가지에 올라앉는 게 고작이지."

"어떤 때는 거기에도 올라가지 못하고 땅에 곤두박질치기도 하잖아. 그런데 구만 리를 날아올라 남쪽으로 간다고? 제 정신이야?"

매미와 비둘기는 몸이 몇 천 리나 되는 커다란 새를 본 적이 없어요. 봤더라도 그것이 자신들과 같은 존재라는 것을 알아보지 못했을 거예요. 개미가 황소를 보지 못하는 것처럼 말이에요. 매미와 비둘기쁜 아니라 사람들도 자기가 아는 만큼만, 이해할 수 있는 만큼만, 세상을 보지요.

장 지오노의 소설, ≪나무를 심은 사람≫에 나오는 양치기 노인을 아시나요? 양을 치면서 자기 땅도 아닌 고원 지대 황무지에 날마다 정성껏 도토리를 심었어요. 3년간 그가 심은 10만 개의 도토리에서 2만 개의 싹이 나왔어요. 나무가 없어서 땅이 죽어 간다고 생각했을 뿐, 그게 누구 땅인지는 관심도 없었어요. 노인에게 가족이 있었다면, 저 쓸쓸한 산속에서 아무도 알아주지 않는 일을 하는 노인이 있다는 것을 세상 사람들이 알았다면, 뭐라고 했을까요? 아마도 매미와 비둘기처럼 비웃었겠지요?

"누구의 땅인지도 모르는 곳에 평생 나무를 심는다고? 제 정신이야?"

"심어 봤자 절반도 살아남지 못할 걸, 헛수고지."

그 말대로 싹을 틔우지 못한 열매가 더 많았어요. 싹을 틔웠더라도 병이 들거나 벌레에게 갉아 먹힌 어린나무들도 많았어요. 그러나 노인은 꾸준히 나무를 심었고 5년, 10년이 지나자 살아남은 떡갈나무, 너도밤나무와 자작나무들이 노인의 키보다 더 크게 자라 아름다운 숲을 이루었어요. 그 숲이 말라붙었던 시내에 물을 흐르게 하고 건조하고 황량한 바람 대신 향긋한 냄새를 실은 미풍을 불게 했어요. 폐허였던 산기슭의 마을은 사람이 살 만한 곳으로 바뀌었어요. 평화로운 자연은 사람들의 마음을 어루만졌어요. 가난과 미움과 절망에 시

달리며 걸핏하면 자살을 생각하던 사람들이 우물을 만들고 다시 채
소를 심고 꽃을 가꾸게 되었지요. 모두가 떠나고 싶어 했던 땅에 사
람들이 모여들고 마을엔 활기가 넘쳤어요. 사냥꾼도 산림청 직원도
이 기적 같은 변화가 양치기 노인에게서 비롯되었다는 사실을 알지
못했어요. 그러나 남이 알아주든 그렇지 않든 양치기 노인에게는 아
무 상관없는 일이었지요.

한 잔의 물을 뜰의 움푹 팬 곳에 부으면 검불은 떠서 배가 되지만 거기에 잔을 놓으면 바닥에 닿고 만다. 물은 얕고 잔은 크기 때문이다. 마찬가지로 바람이 두껍게 쌓여 있지 않으면 큰 날개를 실어 띄울 힘이 없을 것이다. 그래서 붕은 구만 리 높이 솟구쳐 올라 날개를 띄울 바람이 충분히 아래에 쌓이게 한다. 그런 다음 바람을 안고 푸른 하늘을 등에 지는데 그때는 누구도 그 앞을 막지 못한다.

1부 · 자유롭게 노닐다〈소요유〉

붕의 거침없는 비행을 매미와 비둘기가 상상이나 할 수 있을까요? 한 노인이 심은 나무가 수많은 사람에게 죽음 대신 삶을 생각하게 하고 행복을 꿈꾸게 할 것을 누가 예상이나 했을까요?

매미와 비둘기가 아는 세상은 땅에서부터 느릅나무와 박달나무 가지까지의 공간이에요. 그 이상의 것이 있다는 것을 알 수가 없어요. 아침에 태어나서 저녁에 죽는 벌레는 밤과 새벽이 무엇인지 모르지요. 사람들이 아는 세상도 크게 다르지 않아요. 아무런 대가를 바라지 않고 평생 남의 땅에 나무를 심는 것은 상식적으로 도무지 이해가 안 되는 일이에요. 그러나 결국 붕은 남쪽으로 갔고 노인은 황무지를 숲으로 바꾸었어요. 우리가 모르는 일, 우리가 이해할 수 없는 일이 우주에 가득 차 있어요. 인류의 스승이 되신 분들은 모두 자신이 아무것도 모른다는 것을 아는 분들이었어요. 아는 것에 갇히지 않으셨어요. 그래서 큰사람은 작은 사람을 비웃거나 비판하지 않아요. 비웃음은 언제나 작은 사람의 몫이에요. 자기가 아무것도 모른다는 것을 알지 못하니까요.

장자 아저씨는 독설가였어요. 상식적인 사고에 사로잡힌 매미와 비둘기 같은 사람들을 사정없이 비판하셨죠. 장자 제1편의 제목은 〈소요유逍遙遊〉예요. '마음 내키는 대로 슬슬 거닐며 노닐다'라는 뜻인데 이는 구속이 없는 자유로운 경지에서 사는 것을 말해요. 누가 우리를 구속할까요? 힘이 세고 못된 친구들의 폭력도 구속이지만 공부 잘하기를 기대하는 부모님의 사랑도 구속으로 느낄 수 있죠. 그러나 무엇보다도 가장 벗어나기 힘든 것은 스스로 자신의 생각을 옭아매는 구속이에요. 바로 이런 것이죠.

"뭐! 구만 리를 날아오르겠다고! 말이 돼?"

"남의 땅에 죽을 때까지 나무를 심겠다고! 바보 아니야?"

그러나 장자 아저씨는 겨우 이런 생각밖에 할 수 없는 사람들도 사실은 붕과 같이 상식과 한계를 뛰어넘을 수 있는 존재라는 걸 알고 있었어요. 우리는 자신에 대하여 상상할 수 있고, 상상하는 대로 살 수 있어요. 자기가 아는 것이 전부라고 생각하는 어리석음에서 벗어나 훨훨 자유롭게 살 수 있어요. 장자 아저씨는 매미와 비둘기 같은 사람들을 마음껏 비웃고 야단치지만 그건 매미와 비둘기가 아무것도 모르고 붕을 비웃는 것과는 달라요. 아저씨의 괴팍한 비웃음, 비꼼, 거친 비판 속에는 사람들에 대한 슬픔과 따뜻한 동정심이 담겨 있어요.

"그런 다음 바람을 안고 푸른 하늘을 등지는데 그때는 누구도 그 앞을 막지 못한다."

가슴 벅찬 말이죠. 구만 리의 비상을 끝낸 뒤, 자유롭고 거침없는 비행을 앞둔 순간, 그 순간을 언젠가 맞이할 수 있다면 우리는 장자 아저씨를 만난 사람이 되는 거예요.

요堯임금이 나라를 허유에게 넘겨주고자 함

'요순시절'이라는 말이 있답니다. 임금이 정치를 잘해서 백성들이 근심 걱정 없이 행복하게 사는 때를 그렇게 부르지요. 중국의 요임금, 순임금이 나라를 다스리던 때가 그런 때였어요. 임금님이 검소하시니까 포악한 탐관오리백성의 재물을 탐내어 빼앗는 행실이 깨끗하지 못한 관리도 없었어요. 햇볕과 비가 넘치지도 모자라지도 않게 내려 들판에는 곡식이 풍요롭게 익고, 백성들은 잘 먹고 잘 입고 즐겁게 노래 부르며 일을 했지만, 임금님이 누구인지도 몰랐어요. 임금님이 높은 자리에 앉아 "내가 왕이다!" 하고 권력을 휘두르지 않았거든요.

그러던 어느 날, 요임금이 허유許由라는 사람의 명성을 들었어요. 허유는 은자隱者였어요. 은자는 숨어 사는 사람이란 뜻이에요. 세상 돌아가는 이치를 꿰뚫고 있어서 마음만 먹는다면 높은 벼슬을 할 수도 있고 돈을 많이 벌 수도 있지만, 은자들에겐 그런 것들이 별 게 아니었어요. 요임금은 그가 자신보다 훌륭한 사람이라는 걸 깨달았어요. 요임금이 나라를 허유에게 넘겨주려고 말했어요.

제가 임금 노릇을 하는 것은 해와 달이 돋았는데도 계속 횃불을 켜 두는 것과 같습니다. 때맞추어 비가 내리는데 밭에 물을 주는 것처럼 헛수고를 하는 게 아니겠습니까? 선생께서 임금 자리에 앉으시면 나라가 저절로 다스려질 테니 부족한 저를 대신하여 이 나라를 맡아 주십시오.

해와 달처럼 밝은 존재인 허유에 비하여 자신은 횃불과 같은 사람이라고 요임금은 생각하셨던 거지요. 그런 허유를 두고 자신이 임금 노릇을 하는 것은 비유하자면 단비가 내리는데 밭에 물을 길어다 붓는 것처럼 헛된 수고라고 말이지요. 요임금의 말을 듣고 허유는 이렇게 대답했어요.

왕께서 이미 나라를 잘 다스려 세상이 좋아졌는데 제가 왕이 된다 한들 그저 왕이라는 이름만 갖게 되는 것 아니겠습니까? 이름이란 것은 껍데기일 뿐입니다. 제가 그 이름으로 뭘 하겠습니까?

한마디로 왕 자리를 거절한 것이에요. 서로 상대편 후보를 비방하

면서 자기가 대통령이 되어야만 국민이 행복해진다고 외치는 요즘 대통령 선거와 비교해 보면 달라도 너무 다른 이야기지요? 허유는 왕이 되기 싫은 이유를 이렇게 말했어요.

뱁새는 깊은 숲에 둥지를 틀지만 숲 속에서 뱁새 둥지가 차지하는 것은 나뭇가지 하나일 뿐이고, 두더지가 강물에 엎드려 물을 마셔도 제 배 하나 채우면 그만입니다. 돌아가 쉬십시오. 나한테는 나라를 다스린다는 게 쓸모없는 일입니다.

요임금이 돌아간 뒤에 허유는 더러운 말을 들었다고 강에 가서 귀를 씻었답니다.

장자 아저씨는 왜 우리에게 이런 말을 전하는 걸까요?
요임금은 자기가 나라를 잘 다스려서 살기가 좋아졌으니까 계속 임금 노릇을 할 자격이 있다고 할 만한데 그런 자신의 공로를 주장하지 않았어요. 그리고 허유는 임금이라는 이름(명예)을 탐내지 않았어요. 참 멋진 분들이죠? 그런데 그것만으로는 아직 부족하다고 장자 아저씨는 고개를 가로젓는 거예요. 천천히 생각하면서 읽어 보면 요임금은 임금이라는 이름을 중요하게 생각하고 있다는 걸 알 수 있어요. 훌륭한 사람이 맡아 주어야 하는 중요한 자리라고 믿고 허유에게 물려주려 했잖아요? 이름에서 자유롭지 못한 거예요. 한편, 허유는 이름을 욕심내지는 않지만 자기 자신을 중요하게 생각해요. 이름에 얽매이지 않는 자신, 자유로운 자신이 가장 소중해요. 그러나 그런 마음이 강하다는 것은 아직 완전한 사람이 되지 못했다는 뜻이에요.

요임금이 정말 자유로운 사람이었다면 왕이라는 자리가 별 것 아니라고 생각했을 테고 허유를 찾아가 그런 부탁을 하지 않았을 거예요. 마찬가지로 허유가 정말 자유로운 사람이었다면 임금이라는 자리 까짓것, 맡아 달라면 맡아 주고, 그 자리에 있거나 있지 않거나 별 차이를 못 느꼈겠지요. 임금 자리를 물리치고도 모자라 강에 가서 귀를 씻을 필요까지는 없었다는 거지요. 장자 아저씨는 참 까다로운 사람인 것 같아요. 세상 사람들의 존경과 사랑을 받는 사람들도 장자 아저씨 앞에 서면 날카로운 비판을 피해 가기 어려워요. 한 치의 거짓도 없이 자신을 들여다보게 만들죠.

이제 새 학기가 시작되면 곧 반장, 부반장 선거가 있겠죠? 요즘은 학급의 임원이 되면 피자를 한턱 내는 것은 말할 것도 없고 심지어 식당을 빌려 반 전체 학생에게 짜장면, 탕수육 파티까지 열어 준다고 해요. 왜 우리는 그토록 반장, 부반장이 되고 싶을까요? 학급의 임원이 되고 싶은 친구들은 요임금과 허유의 이야기를 되새겨 보면서 한 번쯤 그 이유를 자신에게 물어보아도 좋겠지요?

큰 박과 손 튼 데 쓰는 약

뻐꾸기시계에는 뻐꾸기가 들어 있어요. 시간이 되면 장난감 뻐꾸기가 나무로 만든 작은 집의 창문을 열고 나와 "뻐꾹!" 하고 울어요. 한 시엔 한 번, "뻐꾹!" 두 시엔 두 번, "뻐꾹!" "뻐꾹!"

하지만 모든 물건이 그렇듯이 뻐꾸기시계도 오래오래 쓰다 보면 낡아서 색이 바래고 고장이 나지요. 울 시간이 되어도 뻐꾸기가 문을 열고 나오지 않아요. 건전지를 갈아 주어도 소용이 없어요. 즐겁게 시간을 알려 주며 사랑 받던 뻐꾸기시계를 이제 어떻게 하면 좋을까요?

이사 갈 때 사람들은 낡은 물건을 버리고 새로 사요. 쓰는 데 아무 이상이 없는 침대와 책상도 기분 전환을 하려고 바꾸는데, 고장 난 시계를 가져가는 사람은 드물 거예요. 더 이상 쓸모가 없으니까요. 그런데 고장 난 뻐꾸기시계는 정말 쓸모가 없을까요? 시계와 장난감 뻐꾸기를 떼어 내고 남은 나무로 만들어진 작은 뻐꾸기 집을 나뭇가지 사이에 걸어 두면 그 집은 장난감 새가 아니라 진짜 새들이 드나드는 보금자리가 돼요. 얼마나 신기한 일이에요?

이건 시계, 이건 밥 먹는 그릇, 이렇게 용도를 정해 놓고 사물을 보면 사물이 둘로 나뉘지요. 시간을 잘 맞추면 쓸모 있는 물건이고, 고장이 나면 쓸모없는 물건이에요. 밥을 담는 그릇일 땐 쓸모 있는 물건이고, 금이 가거나 모서리가 깨지면 쓸모없는 물건이에요. 그러나 사물을 그 자체로 보면 달라요. 시계의 입장, 시계의 모양을 한 나무의 입장이 되어 보는 거예요. 그러면 쓸모를 다한 뻐꾸기시계가 쓰레기로 보이지 않을 거예요. 아름다운 영화배우가 늙어서 더 이상 연기를 하지 않으면 아무짝에도 쓸모없는 사람이 되나요? 그렇지 않지요. 연기와 똑같이 소중하고 멋진 다른 일을 하면서 살아갈 수 있어요. 아무도 영화배우로만 살다가 죽으라고 태어나지는 않아요. 나무도 뻐꾸기시계가 되려고 태어난 것은 아니에요.

사람을 보는 마음도 마찬가지예요. 체육 선생님이 학생들을 판단할 때 운동을 잘하고 못하는 것만을 기준으로 삼는다면 운동을 못하는 친구가 가진 귀한 점들 즉, 글쓰기를 잘하는 것이나 그림 그리기를 좋아하는 것이나 친구들을 잘 도와주는 다른 장점이 체육 선생님 눈엔 보이지 않게 되는 거지요. 그 사람 속으로 녹아 들어가 그와 하나가 되는 것이 그를 제대로 보는 단 하나의 방법이에요.

혜자惠子는 말을 무척 잘하는 사람이었어요. 그와 논쟁하여 이길

수 있는 사람이 아무도 없었어요. 혜자가 장자 아저씨의 말을 듣고
는 어이가 없었어요. 새가 단숨에 구만 리를 날아올라 남쪽으로 여섯
달을 쉬지도 않고 날아간다니, 새가 얼마나 큰지 한번 날아오르면 바
다에 파도가 일어 삼천 리 밖까지 퍼져 나간다니, 말이 안 돼요. 혜자
생각에는 장자 아저씨의 말이 허황되게 크기만 하고 도대체 쓸 데가
없었어요. 그래서 혜자가 장자 아저씨에게 말했어요.

위魏나라 임금이 내게 큰 박씨를 주기에 심었더니 박이 열렸는데 얼마
나 큰지 다섯 섬이 들어갈 만했소. 거기에 물을 담으면 무거워서 들 수
가 없고 쪼개서 바가지를 만들었더니 깊이는 없이 납작하기만 해서 아
무것도 담을 수가 없습디다. 크기만 하고 도무지 쓸모가 없어서 깨뜨
려 버렸소.

크기만 한 박에 비유해서 장자 아저씨의 말이 허황되다고 은근히
비꼰 거지요. 장자 아저씨는 뭐라고 대답했을까요?

당신은 크게 쓰는 일에 서툰 사람이군요. 송宋나라에 손이 트지 않게
하는 약을 만드는 사람이 있었다오. 그 약을 손에 바르고 집안 대대로
솜을 빠는 일을 했지요. 하루는 지나가던 나그네가 그 소문을 듣고 금
백 냥을 줄 테니 약 만드는 방법을 알려 달라고 했어요. 솜 빠는 사람
이 가족을 모두 모아 놓고 의논했소.

"우리가 대대로 솜을 빨아 왔으나 몇 푼 벌지 못했는데 오늘 하루아침에 약 만드는 기술을 금 백 냥에 사겠다는 사람이 있으니 팝시다."

금 백 냥을 주고 기술을 배운 나그네는 오吳나라 임금에게 가서 약의 효험을 설명했는데 마침 월越나라 임금이 싸움을 걸어와 전쟁이 터지

자 오나라 임금은 나그네를 장수로 삼았소. 나그네는 겨울에 월나라
사람들과 물에서 싸워 크게 이겼소. 오나라 임금은 나그네에게 땅을
내려 주고 영주로 삼았다오. 손 트는 것을 막는 약은 한 가지인데 한
사람은 그것으로 영주가 되고 한 사람은 솜 빠는 일에서 벗어나지 못

했으니 똑같은 것도 쓰기에 따라 이렇게 달라지는 거 아니겠소?

그러면서 장자 아저씨는 혜자에게 한마디 더 해 주었어요.

다섯 섬이 들어갈 만한 박으로 큰 술통을 만들어 강이나 호수에 띄워 놓고 즐길 생각은 못 하고 너무 커서 쓸모가 없다고 걱정하고 있다니 당신은 아직 쑥고갱이 마음이군요.

'쑥고갱이 마음'을 다른 말로 하면 외곬수쯤 될까요? 쑥고갱이[봉심 蓬心]는 제 속에 파묻혀 있어서 위로 훌쩍 솟아오르지 못하는 모습을 하고 있어요. 자기 안에 갇혀서 툭 트이지 못한 마음을 비유하지요. 혜자는 커다란 박을 그 자체로 바라보지 못하고 자기의 쓸모에 기준을 두었기 때문에 큰 술통을 만들어 강에 띄우고 즐기는 상상력을 발휘할 수 없었던 거예요.

상상력이 풍부한 사람은 남들이 생각지도 못한 세상을 만들어 내요. 상상력은 어디에서 오는 것일까요? 그것은 '자유'에서 오는 거예요. 가장 큰 자유는 자기로부터의 자유예요. '나'에게서 벗어나는 거예요. '저 물건은 너무 크구나.' 혹은 '너무 작구나.' 하는 나의 기준, '저 사람은 좋은 사람이다.' 혹은 '나쁜 사람이다.' 하는 나의 생각, 그것을 과감히 지우고 그 물건, 그 사람과 하나가 되어 보는 거예요. 그러면 고장 난 뻐꾸기시계가 딱새가 지저귀는 아름다운 새집이 되고

내 곁에 있는 사람들이 세상에 둘도 없이 멋진 사람들로 보이는 기적
이 일어난답니다. 남들과 똑같은 세상을 살지만 사실은 전혀 다른 세
상을 살게 되는 것이지요.

아침에 셋

나는 나를 잃어버렸다

모른다는 사실을 안다

미녀 여희

나비의 꿈

사물을 고르게 하다

〈제물론〉

사람을 대할 때나, 어떤 일에 마주할 때

한쪽으로 치우치지 않아야 전체를 바르게 볼 수 있겠죠?

한쪽만을 택해 고집하지 말고

이쪽과 저쪽을 함께 볼 수 있는 눈을 떠야겠어요.

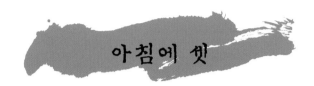

아침에 셋

전체를 보지 못하고 죽도록 한쪽에만 집착하는 것을 '아침에 셋'이라고 해요. 무슨 말일까요? 여러분도 잘 아는 이야기예요. 원숭이를 기르는 아저씨가 원숭이들에게 도토리를 주면서 말했어요.

"도토리 간식은 아침에 셋, 저녁에 넷!"

"뭐야? 아침에 겨우 세 개?"

원숭이들은 땅을 발로 차고 도토리를 집어던지면서 막 신경질을 부렸어요.

"잠깐, 잠깐. 알았어. 그럼 아침에 넷, 저녁에 셋!"

"진작 그럴 것이지."

원숭이들은 화를 풀고 기뻐서 씨익 웃었어요. 물론 집어던진 도토리도 다시 주웠죠. 이상한 원숭이들이죠? 아침에 세 알 먹고, 저녁에

네 알 먹어도 일곱 개, 아침에 네 알 먹고 저녁에 세 알 먹어도 일곱 개 먹는 것은 마찬가지인데 똑같은 상황을 두고 화를 내기도 하고 기뻐하기도 하니 말이에요.

어떤 사람들은 원숭이들이 어리석어서 주인의 교활한 속임수에 넘어간 거라고 해요. 그런가 하면, 다이어트를 위해서 저녁엔 가볍게 먹어야 하니까 아침에 네 알 먹는 게 낫고, 만약에 도토리가 아니라 돈이라고 생각하면 이자를 계산해 보아도 아침에 많이 받아 저금하는 게 더 이득이니까 주인보다 원숭이들이 훨씬 똑똑하다고 말하는 사람들도 있어요. 재미있는 해석이에요. 그런데 남의 속임수에 빠지지 말자, 혹은 합리적으로 생각해서 손해 보고 살지 말자, 장자 아저씨가 겨우 그 정도 이야기를 하는 것은 아니겠지요?

'아침에 셋, 저녁에 넷.'

한자로 쓰면 '조삼모사朝三暮四'예요. 많이 들어 보았지요? 장자 제2편, 〈제물론齊物論〉에 실려 있는 이야기예요. '제물'은 '사물(모든 것)을 고르게 바라보다'라고 해석해도 좋을 것 같아요. 그 말에 원숭이 이야기의 비밀이 숨어 있답니다. '제齊'에는 '하나'라는 뜻이 담겨 있는데 장자 아저씨가 말씀하시는 '하나'는 모자람이 없는 전체라는 말이에요. 이것이냐, 저것이냐, 한쪽만을 택해 고집하지 않고 이쪽과 저쪽을 함께 볼 수 있는 눈, 전체를 보는 눈을 뜨라는 것이지요. 그러니까 사물을 고르게 한다는 말은 사람을 볼 때나 어떤 일을, 어떤 상황을 대할 때 한쪽으로 치우치지 말고 전체를 고르게 본다는 것이에요.

원숭이들은 당장 눈앞에 있는 아침에 세 개, 아니면 아침에 네 개만 보았어요. 눈앞의 현실만 가지고 화를 냈다, 좋아했다 한 거예요. 자기들의 눈을 믿은 거지요. 우리도 마찬가지 아닐까요? 원숭이 이야기를 하는 척했지만 실은 부분을 전체인 것처럼 착각하고 고집하는 사람들을 비꼬는 이야기랍니다.

옛날 중국 제齊나라에 관중과 포숙이라는 두 관리가 있었어요. 두 사람의 아름다운 우정은 '관포지교管鮑之交', 즉 '관중과 포숙의 사귐'이라는 말로 전해져 오고 있지요. 친구 포숙에 대한 관중의 고백은 시대가 바뀌어도 변함없이 깊은 감동을 줘요.

"내가 전에 어렵던 시절에 포숙과 함께 장사를 한 적이 있었는데, 언제나 내가 더 많은 이득을 취했다. 포숙이 나를 탐욕스럽다고 여기지 않았으니, 내가 가난한 것을 알았기 때문이다. 내가 일찍이 포숙을 위해서 일을 도모한 적이 있는데, 도리어 더 어렵게 만들었다. 포숙이 나를 어리석다고 여기지 않았으니, 유리할 때와 불리할 때가 있음을 알았기 때문이다. 내가 전에 세 번 벼슬하여 세 번 다 군왕에게 쫓겨난 적이 있었다. 포숙은 나를 못났다고 여기지 않았으니, 내가 때를 만나지 못했음을 알았기 때문이다. 내가 일찍이 전쟁에 나가 세 번 싸우다가 세 번 다 달아났으나 포숙은 나를 비겁하다고 여기지 않았으니, 나에게 늙은 어머니가 계셨음을 알았기 때문이다. …… 나를 낳은 이는 부모이나 나를 아는 이는 포숙이다."

관중과 같은 친구가 있다면 어떨까요? 친구가 나를 속이고 이득을 더 많이 취했다는 사실을 알면 곧바로 옳고 그름을 판단하는 잣대를 들이대게 되겠죠? 나를 위해 무슨 일을 한답시고 실패하여 더 곤란한 처지에 빠뜨리질 않나, 벼슬 좀 하는가 싶으면 칠칠치 못하게 쫓겨나기 일쑤고, 전쟁에 나가선 비겁하게 도망이나 치고 말이에요. 이렇게 정직하지 못하고 무능하고 비겁한 친구를 끝까지 사귈 수 있을까요?

그런데 포숙은 관중을 내치지 않았어요. 탐욕이 아니라 친구의 가난을 보았고, 실패를 탓하는 대신 일에 운이 따르는 때와 그렇지 못한 때가 있다는 것을 이해해 줬어요. 전쟁터에서 용감한 것보다는 늙은 어머니를 봉양하는 효성을 더 소중하게 생각해 주었어요. 관중은 친구 포숙의 신뢰 속에서 제나라의 훌륭한 재상이 되지요.

성인聖人은 한쪽에 매이지 않고 포숙처럼 양쪽 전체를 보고 조화를 이루는 분들이에요. 우리도 훈련할 수 있지 않을까요? 성인도 하늘에서 뚝 떨어진 특별한 존재가 아니라 우리와 똑같은 몸과 마음을 가진 분들이에요. 그분들이 걸어간 길이라면 우리에게도 열려 있지 않을까요?

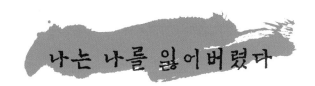

나는 나를 잃어버렸다

성곽 남쪽에 자기子綦라는 사람이 살고 있었다. 하루는 자기가 책상에 기대 앉아 하늘을 쳐다보면서 긴 한숨을 내쉬었다. 멍하니 앉아 있는 모습이 마치 몸과 마음을 다 잃어버린 것 같았다. 제자인 안성자유顏 成子遊가 시중을 들다가 말했다.

"선생님 어찌된 일인지요? 선생님의 몸이 마른 나무 같고 마음도 불탄 재처럼 죽어 버린 것 같습니다. 마치 딴 사람 같습니다."

자기가 대답했다.

"훌륭하구나. 방금 내가 나를 잃어버렸는데 네가 알겠느냐?"

나를 잃어버리다니, 무엇이 어떻게 되었다는 말일까요? 스승은 엉 뚱한 이야기를 이어 갔어요.

"너는 사람들이 부는 퉁소 소리는 들어 보았겠지만, 땅이 부는 퉁소 소리는 들어 보지 못했겠지. 설령 땅이 부는 퉁소 소리는 들어 보았을지 모르지만, 하늘이 부는 퉁소 소리는 들어 보지 못했을 거야."

"어떻게 하면 그 소리를 들을 수 있는지 감히 여쭤 보아도 되겠습니까?"

"땅덩어리가 뿜어내는 숨결을 바람이라고 하지. 그것이 불지 않으면 별일 없이 고요하지만, 한번 불면 수많은 구멍에서 온갖 소리가 나지. 너는 그 윙윙하는 소리를 들어 보지 못했느냐? 산의 숲이 심하게 움직이면 큰 아름드리나무의 구멍들, 더러는 코처럼, 더러는 입처럼, 더러는 귀처럼, 더러는 목이 긴 병처럼, 더러는 술잔처럼, 더러는 절구처럼, 더러는 깊은 웅덩이처럼, 더러는 좁은 웅덩이처럼 제각기 생긴 대로, 물이 콸콸 흐르는 소리, 화살이 씽씽 나는 소리, 나직이 꾸짖는 소리, 숨을 가늘게 들이키는 소리, 크게 부르짖는 소리, 울부짖는 소리, 깊은 데서 나오는 듯한 소리, 새가 재잘거리는 소리 등 온갖 소리를 내지. 앞에서 가볍게 '우우' 하는 소리를 내면, 뒤따라 무겁게 '우우' 하는 소리를 내고, 산들바람이 불면 가볍게 화답하고, 거센 바람이 불면 크게 화답하지. 그러다가 바람이 멎으면 그 모든 구멍은 다시 고요해진다. 너도 저 나무들이 휘청휘청 구부러지거나 살랑살랑 흔들리기도 하는 것을 보았겠지."

안성자유가 말했다.

"땅이 부는 퉁소 소리란 결국 여러 구멍에서 나는 소리군요. 사람이 부

2부·사물을 고르게 하다 〈제물론〉

49

는 룽소 소리는 대나무 룽소에서 나는 소리인데, 하늘이 부는 룽소 소리는 무엇인지요?"

스승은 뭐라고 대답했을까요? 제자는 아직 땅이 부는 퉁소 소리도, 하늘이 부는 퉁소 소리도 듣지 못했어요. 땅이 부는 퉁소는 저렇게 말로 설명할 수 있지만 하늘이 부는 퉁소는 그럴 수 없어요. '도道, 참된 이치'의 성질이 그렇지요. 전할 수는 있지만 받을 수는 없는 것, 어느 순간 스스로 깨우칠 수는 있지만 배워서 터득할 수는 없는 것, 그것을 도道라고 하지요.

"온갖 것에 바람을 모두 다르게 불어넣었으니 제 특유한 소리를 내는 것이지. 모두 제 소리를 내고 있다고 하지만, 과연 그 소리가 나게 하는 건 누구이겠느냐?"

자기는 하늘이 부는 퉁소 소리에 대해 그렇게 이야기했어요. 사람도 땅도 결국은 사물과 바람이 부딪쳐 내는 소리를 전하는 것뿐이죠. 그렇게 온갖 것에 바람을 불어넣어 이처럼 다양하게 제각각의 소리를 내게 하는 존재가 무엇이겠느냐? 자기는 그것이 하늘, 즉 '도'라는 것을 깨달았던 거지요. 그러니까 하늘이 부는 퉁소는 따로 내는 소리가 없었어요. 사람과 땅과 모든 존재가 각각 저에게 맞게 내는 그 소리가 바로 하늘의 소리였던 거예요.

사람이 부는 퉁소를 사람이 하는 말, 사람이 하는 생각, 사람의 감정 등으로 생각해 볼 수도 있어요. 어떤 사람의 생각은 사려 깊고 합리적인데 어떤 사람의 생각은 그렇지 못하죠. 어떤 사람의 말은 부드럽고 온화한데 어떤 사람의 말은 거칠고요. 어떤 사람은 따뜻한 성품을 가졌는데 어떤 사람은 사납고 이기적이기도 하고요. 이렇게 각각의 소리, 혹은 빛깔을 내는 사람들을 대할 때 도를 깨우친 사람은 그 속에서 하늘의 소리를 듣고 하늘의 빛깔을 보는 거예요. 그래서 이 사람은 좋고, 저 사람은 나쁘다고 판단하지 않는 거지요. 사람마다 제가 가진 모양대로 사는 것일 뿐이에요. 하늘이 보기엔 제각각 독특한 악기인 거죠.

어떻게 하면 도를 깨우칠 수 있을까요?

장자 아저씨는 성곽 남쪽에 살던 사람, 남곽자기와 그의 제자인 안성자유의 대화를 통해 '나를 잃어버림'이 그 방법이라고 대답하셨어요. 한자로는 '오상아吾喪我'라고 쓰지요. 기쁘다, 슬프다, 밉다, 사랑스럽다, 하는 판단을 분별심이라고 부르는데 그 변덕스럽고 고집스러운 분별심을 가진 나를 '작은 나'라고 한다면 기쁨과 슬픔, 미움과 사랑을 구별하지 않고 결국은 그것이 하나라는 것을 아는 나는 '큰 나'예요. 작은 나를 초월하여 큰 나로 거듭나는 것이 '나를 잃어버리는 것'이지요. 그건 마치 물고기가 새가 되는 것만큼이나 엄청난 변화지요. 죽었다가 다시 태어나는 느낌과도 같은 거예요. 그래서 방금 도를 깨우친 스승의 모습이 마른 나무토막 같고 불씨가 다 꺼진

재처럼 보였겠지요.

　나를 잃고 멍하니 앉아 있다는 것은 목석木石이 되었다는 것이 아니라 반대로 완벽하게 깨어 있다는 뜻이에요. 눈과 귀가 활짝 열려서 온갖 것을 보고 온갖 소리를 듣되, 눈에 보이는 것과 귀에 들리는 것이 전부가 아니라는 것을 아는 것이랍니다. 안성자유도 언젠가는 스승처럼 사람과 땅의 소리를 통해 하늘의 소리를 들을 수 있겠지요? 이렇게 장자 아저씨의 이야기를 듣는 우리도 그렇고요.

모른다는 사실을 안다

중국 요堯임금 때의 현인賢人, 설결이란 사람이 스승인 왕예에게 물었어요.

"선생님, 모든 사람이 하나같이 옳다고 인정하는 그 무엇이 이 세상에 있을까요? 선생님은 알고 계신지요?"

누가 들어도 고개를 끄덕이면서 옳다고 생각할 만한 것이 있느냐는 질문이죠. 말하자면 날마다 지각하는 학생에 대해서 선생님이 좋은 이미지를 갖기는 어렵겠지요. 그 학생이 모범 학생 표창을 받는 일은 아마 없을 거예요. 회사원이 그렇다면 문제는 더욱 심각해지겠죠. 경쟁에서 밀릴 테고 월급도 오르지 않고 남들이 가기 싫어하는 자리에 배치를 받을 수도 있어요. 그러니까 사람들은 대부분 부지런하고 성실한 것이 좋다는 생각을 가지고 있는 거지요. 그것 말고도 얼마든지 많은 예를 들 수 있어요. 자기가 사용하는 공간을 지저분하게 쓰는 것보다는 깨끗하게 정돈하고 가꾸는 사람이 칭찬받지요. 불친절한 것보다는 친절한 것이 낫고요.

사람들이 고개를 끄덕이면서 인정할 만한 가치는 많고도 많은데 뜻밖에도 스승 왕예는 이렇게 대답했어요.

"그걸 내가 어찌 알겠나?"

제자가 또 물었어요.

"그럼 선생님은 자신이 모른다는 걸 아시는 것인지요?"
"그걸 내가 어찌 알겠나?"

스승은 자신이 무얼 아는지, 모르는지, 그것도 모르겠다고 대답했어요.

"그렇다면 물物이란 것은 알 수 없는 것이로군요?"
"그걸 내가 어찌 알겠나."

'물物'은 이 세상 모든 것, 모든 일, 모든 상황이라고 풀이하면 되겠어요. 그렇다면 이 세상 모든 것, 모든 일, 모든 상황 그것들은 도무지 알 수 없는 것입니까, '물物'을 판단하는 데 세상 사람 모두가 '맞다', '옳다', '좋다'고 긍정할 만한 기준은 없는 것입니까, 하고 제자는 계속 물어 댄 것이지요. 스승님은 연거푸 모른다고만 하셨어요. 왜 그랬을까요?

이번엔 스승님이 제자에게 질문하셨어요.

"사람이 습기 찬 곳에 누워 자면 허리를 앓거나 반신불수가 되는데 미꾸라지도 그렇던가? 사람이 나무 위에 있으면 떨고 무서워하는데 원숭이도 그렇던가? 이 셋 중에 어느 쪽이 올바른 거처를 알고 있는 걸까? 또 사람은 고기를 먹고 사슴은 풀을 먹고 지네는 뱀을 잘 먹고 올빼미는 쥐를 좋아하지. 이 넷 중에 어느 쪽이 진짜 맛을 아는 것일까?"

들고 보니 그렇군요. 사람에게는 더울 때나 추울 때나 잘 마른 잠자리가 쾌적한 것이지요. 그러나 그것이 미꾸라지에겐 죽음을 가져다주는 잠자리였네요. 잘 마른 잠자리가 쾌적하다는 것은 모든 존재가 긍정할 만한 생각은 아니었군요. 들쥐는 올빼미에겐 맛있는 음식이지만 사슴에겐 아니겠죠. 사람들은 순간순간 자기도 미처 깨닫지 못할 만큼 빠르게 이것은 좋다, 저것은 나쁘다고 판단해요. 스승 왕예는 그렇게 판단하는 사람들의 기준이란 것이 모두 자기의 입장에

서 세운 주관적인 것일 뿐이란 걸 깨우쳐 주고 싶었던 것이었어요.

　스승의 질문은 계속되었어요.

"모장과 여희는 사람들마다 모두 아름답다고 칭송하는 미녀들이지만
물고기는 보자마자 물속 깊이 들어가 숨어 버리고 새도 보자마자 높이
날아가 버리고 사슴도 보자마자 급히 도망쳐 버리지. 과연 이 넷 중에
서 누가 아름다움을 바르게 아는 것일까?"

　모장과 여희는 고대 중국에서 미녀로 유명한 사람들이에요. 모장
은 춘추 시대 송宋나라 평공平公의 부인이고 여희는 진晉나라 헌공獻
公의 부인이라고 전해지고 있는데요, 이야기를 듣고 보니 정말 그렇
지요? 아름답다, 예쁘다고 쉽게 말하지만 그 판단이 절대적으로 옳
은 것이라고는 할 수 없어요. 조선 시대의 미인은 볼살이 통통하고
눈은 가늘고 키는 아담했어요. 주먹만큼 작은 얼굴에 쌍꺼풀이 짙고
팔다리는 젓가락처럼 비쩍 마른 요즘 미인들이 타임머신을 타고 조
선 시대로 날아간다면 외계인처럼 보일 거예요.

　스승 왕예의 대답처럼 '모른다'는 사실만이 분명한 것이었어요. 아
침에 늦게 일어나 자주 지각하는 사람을 게으르다고 판단하는 것도
다시 생각해 보면 위험한 일이에요. 지각하는 게 즐거워서 지각하는
사람은 없을 거예요. 생체 리듬이 다른 것이지요. 아침에 활력을 느
끼는 사람이 있는가 하면, 해 뜰 무렵엔 도무지 맥을 못 추다가 해질

무렵부터 총기가 생기는 사람들이 있어요. 지저분해 보이는 화가의 작업실엔 화가만이 아는 질서가 따로 있는 것이고요.

무엇이 아름다운 것인지, 무엇이 좋은 것인지, 무엇이 진리인지, 나는 잘 모른다는 사실을 아는 게 밝은 눈을 뜰 수 있는 첫걸음이에요. 지각하는 친구를 흉보기 전에 지각을 하는 것이 나쁘다는 판단이 절대적으로 옳은 것인가 한번 생각해 보는 1분의 여유가 우리에게 있었으면 좋겠어요. 우리 한국인은 부지런하고 빠른 것을 유난히 좋아한다는데, 부지런하지 못하고 행동이 느린 사람들을 흉보기 전에 부지런하고 빠른 것이 언제나 좋기만 한 것인가, 느린 것이 정말 나쁜 것인가, 잠깐 생각해 보기. 장자 아저씨를 자주 만나다 보면 그런 습관이 생길 거예요.

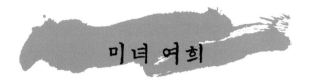

미녀 여희

여희는 '애艾'라는 변방을 지키는 변방지기의 딸이었다. 얼굴이 예뻐서 진晉나라의 대궐로 끌려가게 되었다. 부모를 억지로 떠나갈 때 여희는 너무 슬퍼서 옷이 흠뻑 젖도록 울었다. 그런데 왕의 아름다운 처소에 이르러 사랑을 듬뿍 받으면서 맛있는 음식을 먹게 되자 여희는 괜히 울었다고 후회했다.

여러분은 새 학년이 되어 반이 바뀌고 친한 친구와 떨어지게 되면 엄청난 불행이 닥친 것처럼 우울하고 속이 상하지요? 그러나 학교에 며칠 다니다 보면 쉬는 시간마다 옆 반으로 친한 친구를 찾아가는 일을 슬그머니 그만두게 되지요. 새로 만난 친구들 가운데도 좋은 친구가 있다는 것을 알게 되고 지내 보니 바뀐 반도 괜찮거든요. 여기가 가장 좋은 곳인 줄 알았는데, 옮겨가 보니 뜻밖에 거기가 더 행복할 수도 있어요. 지금보다 더 나은 삶이 있다는 것을 알게 되는 것은 누구나 흔히 경험할 수 있는 일이에요.

삶과 죽음은 어떨까요?

이 글을 쓰고 읽는 우리는 지금 여기에 살아 있어요. 살아 있다는 것은 참 좋은 것이지요. 살아 있기 때문에 맛있는 것을 먹을 수 있고, 아름다운 풍경을 볼 수 있고, 좋은 책을 읽을 수 있고, 사랑을 할 수 있어요. 그런데 죽음은 그 모든 것들을 멈추게 해요. 삶에서 죽음의 세계로 건너가는 것은 학년이 바뀌어 새로운 교실로 가는 마음과는 다르지요. 누군가 뜻밖의 사고를 당하거나 고칠 수 없는 병을 앓다가 죽음을 맞이하게 될 때, 아무도 그것을 행운이라고 말하는 사람은 없어요. 왜 그럴까요? 죽음의 세계가 불행하다는 확실한 증거가 있는 걸까요?

치과에 가는 것을 생각해 보세요. 처음 병원에 가서 진찰대 위에 눕기까지 얼마나 마음고생이 심한지, 가 본 사람은 알 거예요. 그러나 막상 마취 주사를 맞고 치료를 받다 보면 생각보다는 아프지 않다는 걸 알게 돼요. 두 번째로 병원에 갈 땐 처음보다 훨씬 덜 무서워요. 어떤 치료를 받는지 알고 가니까요. 죽음이 두려운 것은 아마도 그것이 얼마나 무서운 건지, 얼마나 캄캄한 건지, 얼마나 아픈 건지 모르기 때문이 아닐까요?

장자 아저씨의 아내가 돌아가셔서 혜자가 문상을 갔어요. 장자 아저씨는 다리를 뻗고 앉아 질그릇을 두드리면서 노래를 부르고 있었어요. 혜자는 어이가 없어서 그를 나무랐어요.

"자네는 아내와 살면서 아이들을 기르고 함께 늙은 처지일세. 아내가 죽었는데 곡장례를 지낼 때, 일정한 소리를 내며 우는 조차 하지 않으니 그것도 너무한 일인데 게다가 그릇을 두드리면서 노래까지 하다니 너무 심하지 않은가?"

장자 아저씨는 이렇게 대답했어요.

"아내가 죽었을 때 나라고 어찌 슬퍼하는 마음이 없었겠나? 그러나 사람이 태어나기 전의 근원을 살펴보면 본래 삶이란 게 없었네. 삶이란 게 없었을 뿐만 아니라 본래 형체도 없었네. 형체도 없이 흐릿하게 섞여 있던 기운이 모여 삶이 되었듯이 삶이 변하여 죽음이 되는 것은 봄, 여름, 가을, 겨울 사철의 흐름과 같은 것일세. 아내는 지금 천지라는 큰 방에 편안히 누워 있지. 내가 시끄럽게 따라가며 울고불고 한다는 것은 하늘의 운명을 모르는 일 아니겠나? 그래서 곡을 그쳤네."

장자 아저씨도 사람인데 아내의 죽음이 슬프지 않을 리 없겠지요. 슬픔 속에서 생각했을 거예요. 죽음이란 무엇이고 삶이란 무엇인가?

생각해 보니 '삶'이란 우리 사람들이 붙인 이름일 뿐, 삶이라는 형태를 가진 세상은 본래 천지에 없었어요. 아무것도 없는 곳에서 삶이 생겨난 것처럼 삶이 변하여 자연스럽게 처음의 형태로 돌아가는 것이 죽음이었어요. 그래서 장자 아저씨는 다시 생각하게 된 거예요.

'살아 있는 것만을 즐거워하는 것은 잘못된 일 아닐까? 죽음을 싫어하는 것은 어려서 고향을 떠난 사람이 타향에서 집으로 돌아가는 길을 잃어버린 것과 같은 것이 아닐까? 미녀 여희가 부모 곁을 떠나기 싫어 울던 일을 후회한 것처럼 죽은 사람들도 살아 있을 때 삶에 집착하고 죽기 싫어한 일을 후회하고 있을지 누가 알겠는가? 또 누가 알겠는가, 억지로 건너간 죽음의 세상이 훨씬 더 훌륭할지.'

그렇게 생각하고 아내를 보니, 죽은 아내는 천지라는 커다란 세계에 편안히 누워 있는 것처럼 보였던 것이지요. 통곡할 일이 아니라 춤추고 노래하면서 축하해 줄 일이었던 거예요. 이렇게 틀이 없는 큰 생각, 우리도 할 수 있을까요?

즐거운 꿈을 꾸면서 잘 자고 일어난 사람이 아침에 일어나 갑자기 닥쳐온 불행에 슬퍼하며 울 수도 있고, 꿈속에서 슬프게 울던 사람이 아침에 눈을 뜬 뒤에 그것이 꿈이었다는 것에 안심을 하면서 즐겁게 하루를 시작할 수도 있어요. 어쨌거나 꿈에서 깨어나야 우리는 그것이 꿈이었다는 걸 알 수 있어요.

장자 아저씨는 사람들이 '삶'이라고 생각하는 지금 이 시간을 잠깐 꾸는 꿈이라고 생각했어요. 그 시간을 전부라고 생각하는 어리석음에서 깨어나기를 바랐어요. 인생이 한바탕 꿈이란 걸 모르는 사람들이 임금이라고 해서 떠받들고 소 치는 목동이라고 천대하는 옹졸한 짓을 한다고 했지요. 삶을 좋아하고 죽음을 싫어하는 마음은 우리에게 익숙한 거예요. 아내의 죽음 앞에서 초연히 노래를 부르는 모습은 낯선 것이지요. 우리에게 익숙해진 생각들을 다시 펼쳐 놓고 장자 아저씨처럼 곰곰이 새겨볼 필요가 있어요.

'치과는 무서운 곳일까? 죽음은 아주 나쁜 걸까?'

'가난한 사람은 무능하고 부자는 능력이 많다는 게 정말일까?'

그렇게 질문을 가지고 답을 찾는 시간이 우리를 한 걸음 성장하게 하고, 새로운 '나'로 변화시켜 준답니다. 변화된 '나'는 좁은 틀 안에 갇히지 않아요. 자신감 있게 삶을 사랑해요. 원하는 일이 이루어지지 않더라도 실망하지 않고 '그렇다면 나에게 어떤 새로운 세계가 열릴까?' 도리어 호기심을 가져요. 어려운 상황에 처하게 되어도 '이 일이 나에게 무엇을 가르쳐 줄까?' 하고 기대해요.

장자 아저씨처럼, 삶과 죽음조차도 하나로 보았던 멋진 스승들이 우리 앞에 있어요. 그분들이 나를 어떻게 변화시켜 주실지 두근두근 설레는 마음으로 '진짜' 공부를 했으면 좋겠어요.

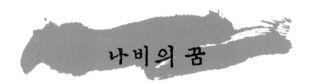

나비의 꿈

어느 날 장주장자의 이름은 주周는 꿈에 나비가 되었다. 훨훨 날아다니는 나비가 되어서 유쾌하고 즐겁게 놀면서도 자기가 장주라는 것을 깨닫지 못했다. 잠에서 문득 깨어나니 자신은 엄연한 장주였다. 장주가 꿈에 나비가 되었던 것인지, 나비가 꿈에 장주가 되었던 것인지 알 수 없었다.

장자 아저씨가 꿈에 나비가 된 걸까요? 아니면 나비가 꿈에 장자 아저씨가 된 것일까요? 우리도 꿈을 꾸다가 깨어나 '아, 꿈이었구나. 정말 재미있었는데……' 하고 아쉬워할 때가 있죠. 무섭고 슬픈 꿈을 꾸다 깨어난 뒤, 가슴을 쓸어내리면서 꿈이어서 다행이라고 생각할 때도 있고요. 반대로 깨어 있으면서도 믿기지 않을 만큼 좋은 일

이 생기면 이것이 꿈은 아닐까, 싶을 때도 있죠. 어느 때는 너무 괴로워서 이것이 현실이 아니고 꿈이었으면 좋겠다는 생각도 하고요.

'나비의 꿈'은 ≪장자莊子≫에 나오는 이야기 중에서도 가장 유명한 이야기예요. 장자 아저씨는 사람이고 나비는 곤충이지요. 장자 아저씨에겐 팔과 다리가 있고 나비에겐 날개가 있어요. 그러나 공부가 깊은 옛 어르신들은 그 둘을 같은 존재라고 보았어요. 장자 아저씨와 나비뿐만 아니라 옳음과 그름, 선함과 악함, 아름다움과 추함, 화禍와 복福, 삶과 죽음 같은 현상을 명확하게 나누는 것은 어리석고 의미 없는 일이라고 생각하셨어요. 옛 어르신들은 세상의 모든 존재는 하나라는 걸 깨닫기 위해 공부하셨어요.

선과 악, 아름다움과 추함, 화禍와 복福, 삶과 죽음이 겉모습만 다를 뿐, 본질은 같은 것이라고 여기는 사람과 그렇지 않은 사람은 어떻게 다를까요? 자신이 어떤 선한 일을 해도 우쭐대지 않겠지요? 악한 짓을 저지르는 사람도 내치지 않고 품을 수 있을 테고, 불행이 닥쳐와도 크게 놀라거나 당황하지 않고 담담하게 치러 낼 수 있을 거예요. 또한 삶에 지나치게 집착하지 않고 죽음 앞에서도 의연할 수 있겠지요. 그런 사람의 영혼은 얼마나 가볍고 자유로울까요?

반대로 이것과 저것을 분명하게 구분하는 사람들은 어떨까요? 누군가 악한 짓을 저지르면 절대로 그를 용서할 수가 없을 거예요. 어려운 일이 닥치거나 좋은 일이 생길 때마다 냄비가 끓듯 마음이 이랬다저랬다 하겠지요. 그런 사람은 이 세상에 일어나는 일들 가운데 받아들일 수 있는 것이 별로 없어요. 늘 자기 생각에 갇혀 있어서 옹졸한 마음을 드러내곤 해요. 만일 우리가 외롭고 힘이 들어서 누군가에게 기대어 힘을 얻고 싶을 때가 있다면 저 둘 가운데 어떤 사람을 찾게 될까요? 아마도 세상을 구분 없이 바라보는 자유로운 사람에게 가게 되지 않을까요? 만물이 하나라는 깨달음은 우리가 크고 깊은 사람으로 살 수 있게 해 줘요. 그런 사람은 바라지 않아도 저절로 다른 사람들의 스승이 되지요.

장자 아저씨가 나비가 되고 나비가 장자 아저씨가 되는 것은 다르면서 하나인 존재가 다만 겉모양만 바꾸는 변화랍니다. 구름이 비가 되고 비가 호수나 강물이 되었다가 증발하여 다시 구름이 되는 것처럼 말이지요. 그것을 '물화物化'라고 해요. 사물의 변화라는 뜻이에요. '나비 이야기'에서 가장 중요한 말이랍니다. 장자 아저씨가 보는 세계는 앞에서도 말한 것처럼 모든 사물이 이것과 저것으로 나뉘어 따로따로 서 있는 관계가 아니라 서로 얽히고설켜 어울려 있는 관계예요. 구름은 구름이고 비는 비지만, 구름이 비고 비가 구름이기도 하지요. 사람은 흙에서 자라는 곡식을 먹고 살다가 때가 되면 흙으로 돌아가 곡식을 키워 내는 존재가 돼요. 사람은 사람이고 흙은 흙이지만 사람이 흙이고 흙이 사람인 것이지요. 그러므로 '물화'는 사실 변했으나 변하지 않은 상태를 말하는 것이에요. 깨달음의 눈으로 보면 도무지 내가 '나 아닌 다른 존재'가 될 수 없는 것이랍니다. '나 아닌 다른 존재'란 없는 것이니까요. 모두가 다 '나'이니까요.

여러분의 교실에도 다문화 가정 친구들이 있나요? 그 친구들의 어머니께서는 필리핀이나 베트남, 일본같이 먼 외국에서 한국 땅에 시집을 오셨지요. 얼마나 귀한 인연인가요? 그런데 학교에서 다문화 가정 친구들을 놀리고 괴롭히는 일이 간혹 있다고 해요. 정말 부끄럽고 슬픈 일이에요. 왜 그럴까요? 자신과 '다른 것'을 보는 것이지요. '다른 것'을 얕잡아 보고 함부로 대하는 것이지요. 사람인 '나'와 풀 한 포기를 구별하지 않고 '하나'된 큰 세상에서 살아가는 사람들이 있는가 하면 태어난 나라가 다르다는 이유 하나로 죄 없는 사람들을 배척하고 괴롭히며 사는 사람들도 있어요. 어떤 사람으로 살아갈 것인지는 우리의 선택에 달려 있는 것이랍니다.

우리는 쉼 없이 '나'를 잃어버려야 해요. 장자 아저씨가 자신을 잊고 나비가 되었듯이 말이에요. 우리 학교 학생인 나, 우리 동네 사람인 나, 한국 사람인 나, 공부 잘하는 나, 잘생긴 나, 그렇게 제한된 나를 잃어버려야 우주를 무대로 삼아 이 세상 모든 것과 하나가 되어 멋지게 살 수 있답니다.

참된 삶을 사는 길

〈양생주〉

생명을 생명답게

싱그럽고 발랄하게 살아가려면

어떻게 해야 할까요?

참된 삶에 이른 사람들의 소설 같은 이야기가 펼쳐집니다.

포정이 소 잡는 이야기

　　장자 제1편에 나왔던 물고기 '곤鯤'을 기억하시는지요? 곤은 등 길이가 몇 천 리나 되는지 알 수 없을 정도로 큰 물고기죠. 곤이 변하여 새가 되는데 그 새의 이름이 '붕鵬'이에요. 붕도 어마어마하게 큰 새여서 날개를 펼치면 하늘에 드리운 구름과 같고 날갯짓 한 번에 바다에는 파도가 일어 삼천 리 밖까지 퍼져 나간다고 했어요. 곤이 붕이되어 구만 리를 힘차게 날아가는 이야기를 들려주면서 장자 아저씨는 우리들도 자신을 넘어설 수 있는 존재라는 것을 알려 주려고 하셨지요. 제2편에는 장자 아저씨가 꿈에 나비가 되어 즐겁게 날아다니는 이야기가 있죠. 꿈에서 깬 뒤에 장자 아저씨는 문득 이런 생각을 해요. '꿈에서 깨어난 지금이 사실은 신싸 꿈이 아닐까? 나는 원래 나비인데 사람이 된 꿈을 꾸고 있는 게 아닐까?'

재미있죠? 나는 오직 사람일 뿐이라고 생각하면 가능하지 않은 상상이죠. '다른 무엇과 구별되는 나'를 잃어버려야 물고기가 새가 되고, 나비와 사람이 서로 몸을 바꾸는 변화와 초월이 가능하다는 이야기랍니다.

자, 이제 제3편입니다. 3편엔 이렇게 '나'라는 의식이 사라진, 이 세상의 모든 만물과 구별 없이 하나가 된 사람들의 신나고 멋진 삶이 펼쳐집니다. 3편의 이름은 〈양생주養生主〉예요. '양養'은 기른다는 뜻이에요. '생生'은 생명이죠. '주主'는 주인이라는 의미이고요. '생명을 북돋워 주는 중요한 것'이라고 해석하면 될까요? 좀 더 쉽게 말하면 '참된 삶을 보내는 방법'이라고 할 수 있겠어요. 참되고 멋진 삶에 이른 사람들, 첫 번째 주인공은 포정庖丁입니다.

옛날에는 직업을 이름으로 삼은 일이 있었는데 포庖는 요리사라는 뜻이에요. 그러니까 포정은 정丁이라는 이름을 가진 요리사라는 말이죠. 포정이 문혜군文惠君을 위하여 칼을 들고 소를 잡는 데 얼마나 능수능란한지 마치 음악에 맞춰 춤을 추는 것 같았어요. 문혜군이 감탄하며 말했어요.

"정말 훌륭하도다. 사람의 기술이 저런 경지에까지 이르렀구나."

포정이 칼을 내려놓고 대답했어요.

"제가 좋아하는 것은 도道인데 사람의 기술보다는 윗길이지요. 제가 처음 소를 잡을 때는 눈에 보이는 것이 온통 소뿐이라 손을 댈 수 없었습니다. 3년이 지나자 소의 몸통이 보이지 않게 되었고 요즘은 제가 마음으로 소를 대할 뿐, 눈으로 보지는 않습니다. 눈으로 보기를 그치고 마음의 작용에 맡깁니다. 하늘이 소의 몸에 낸 결을 따라 가죽과 고기, 살과 뼈 사이의 큰 틈바구니에 칼을 밀어 넣고 텅 빈 곳을 자르니 본디 잘려진 곳을 자르는 것입니다. 그래서 저의 기술은 아직까지 뼈와 살이 붙은 곳에서도 막혀 본 적이 없는데 하물며 큰 뼈를 떼어 내는 데야 더 말할 나위가 있겠습니까?"

포정이 자신의 눈에만 의지해 소 앞에 섰을 때는 소의 몸에 칼은커녕 바늘 하나 들어갈 틈이 없었겠지요. 손과 팔과 온몸에 힘을 주어 소를 찌르고 가르고 베고 했을 거예요. 그러나 3년이 지나 도道가 통하자 눈앞에 있는 것이 소라는 것도 잊었고 살과 뼈 사이, 뼈마디와 마디 사이의 틈새가 크게 보였다는 것이지요. 그 틈새로 칼을 넣어 움직이니 작은 맥이나 큰 맥, 뼈와 살이 엉긴 곳조차도 건드린 일이 없다는 거예요. 그러니 큰 뼈 덩어리를 다칠 일은 더욱 없었겠지요? 포정과 소는 드디어 한몸이 된 거예요. 칼을 잡고 소 앞에 설 때, 한 마리 짐승이 아니라 소의 모습을 한 영원한 도道 앞에 서게 된 거죠. 칼을 쓰지 않고 칼을 쓰는 성지에 이르렀어요.

포정은 문혜군 앞에서 당당하게 말을 이어가요.

"솜씨 좋은 백정이 1년 만에 칼을 바꾸는 것은 살을 가르기 때문입니다. 평범한 백정은 무리하게 뼈를 자르기 때문에 달마다 칼을 바꾸지요. 그렇지만 제 칼은 19년이나 되어 수천 마리의 소를 잡았지만 칼날이 방금 숫돌에 간 것 같습니다. …… 하지만 근육과 뼈가 엉긴 곳에 이를 때마다 일의 어려움을 아는지라 두려움으로 삼가 경계하고 곁눈질을 하지 않으며 천천히 손을 움직여서 아주 세밀하게 칼질을 합니다. 그러면 흙덩이가 땅에 떨어지듯 살덩이가 툭툭 떨어지지요. 칼을 들고 서서 사방을 살펴보며 머뭇머뭇 망설이다가 흡족한 마음으로 칼을 씻어 챙겨 넣습니다."

이윽고 한 마리의 소가 완전히 해체되었을 때, 포정은 자기가 작업을 다 마쳤다는 것조차 모르고 멍하니 서서 사방을 둘러봅니다. 그러다 일이 다 끝난 줄 알고는 흡족한 마음으로 칼을 갈무리 합니다. 포정이 이처럼 깨달음의 경지에 이르게 된 것은 그가 삶의 껍데기가 아닌 알맹이를 얻기 원했기 때문이지요. 포정은 기술이 아니라 도를 좋아했어요. 그는 오직 자신이 하는 일로써 도에 이르기를 원했어요.
  문혜군은 말했어요.

"훌륭하구나. 내가 포정의 말을 듣고 삶을 기르는 이치를 얻었다."

귀족 문혜군이 한갓 요리사에 불과한 포정에게 참된 삶의 길을 배웠다고 고백했어요. 도에 이르는 데 있어서는 신분의 높고 낮음이 따로 없어요. 곤이 붕이 되듯 포정은 요리사로서 도인의 경지에 올랐어요. 여러분은 어떤가요? 공부를 잘하는 친구도 있고 노래를 잘하는 친구도 있고 그림을 잘 그리는 친구도 있고 운동에 뛰어난 친구도 있겠지요?

그 중엔 재능을 발휘하여 돈을 벌고 유명해지길 바라기보다 포정과 같이 큰 이치를 깨닫기 바라는 친구도 분명 있겠지요?

발 잘린 장군

고대 중국에는 발 하나를 잘라 못쓰게 만드는 벌이 있었어요. 참 잔인한 형벌이지요? 어찌된 일인지 '우사右師'라는 높은 벼슬을 하던 송宋나라 사람도 발을 잘렸어요. 우사를 우리말로 하면 '장군'쯤 될 거예요. 공문헌公文軒이 어느 날 외발이 된 우사를 보았어요. 공문헌도 송나라 사람이에요. 그는 너무나 놀라서 어안이 벙벙했어요. 우사는 아무나 쉽게 오를 수 있는 자리가 아니거든요. 그렇게 높은 관직에 있던 사람이 발을 잘리고 죄인이 되다니. 공문헌이 소리쳤어요.

"아니, 이게 어찌 된 일인가? 무엇이 자네를 이 모양으로 만들었는가? 하늘인가? 사람인가?"

우사가 대답했어요.

"사람이 아니라 하늘일세. 하늘이 나를 낳아 외발이 되게 했네."

공문헌이 외발이 된 우사를 보고 놀라 물은 까닭은 누구의 잘못으로 이런 일이 일어났느냐는 것이에요. 네 탓이냐? 아니면 다른 사람의 잘못으로 일어난 일이냐? 네 잘못으로 일어난 일이라면 운명이라고 할 수밖에 없겠지만 남의 탓이라면 정말 억울한 일을 당했구나, 이런 말이지요. 우리도 그렇지요? 교실에서 우당탕탕 장난치다가 유리창이 깨지면 그 순간 냉정한 재판관이 되어 서로의 죄를 묻지요.

"야! 네가 유리창 깼어."

"네가 나를 떠밀었잖아! 네가 깬 거지!"

"네가 먼저 나를 밀고 도망갔잖아!"

그럴 경우 선생님은 대부분 두 사람 모두 나무라시죠. 그렇게 책임을 따지는 것이 뿌리 깊은 습관이 되어서 우리는 모든 일에 잘잘못을 가리고 남에게든 자신에게든 반드시 책임을 물어요. 누구의 잘못이라고 딱히 말할 수 없는 불행한 일이 닥칠 때도 마찬가지예요.

'도대체 왜 나한테 이런 일이 생긴 것일까?'

'내가 무엇을 잘못해서 이런 벌을 받는 것일까?'

'내가 그때 10분만 더 놀다 가라고 친구를 잡았더라면 친구가 교통사고를 당하지 않았을 텐데…….'

'내가 공부를 좀 더 잘했더라면 엄마가 이렇게 몹쓸 병에 걸리지 않았을지도 몰라.'

그런데 우리에게 일어나는 나쁜 일들은 누군가의 잘못 때문에 돌아오는 벌이 확실할까요? 한 가지 더. 우리에게 일어나는 나쁜 일들은 정말 나쁜 일일까요?

우사는 발이 잘렸어요. 당연히 관직에서도 쫓겨났겠죠. 하루아침에 비참한 인생이 되었어요. 그런데도 그는 공문헌에게 태연하게 대답해요.

"누구의 탓도 아니다. 하늘의 뜻이다."

우사는 바보가 아닐까요? 죄가 없는데 발을 잘렸다면 싸워야지요. 누명을 벗고 관직에 다시 올라 자기를 모함한 사람들을 벌주고 통쾌한 복수를 하는 것이 옳지요. 그게 아니고 자신이 잘못하여 벌을 받은 거라면 남들 앞에 나서지 말고 조용히 참회하면서 살아가야 보기에도 좋지 않겠어요? 이상하게도 우사는 그러지 않았어요. 자기의 결백을 주장하지도 않았고 죄인처럼 고개를 숙이지도 않았어요. 그랬다는 기록이 없어요. 왜 그랬을까요?

관직에 올랐던 일도, 쫓겨난 일도 그 모든 것이 우사에겐 별일 아니었던 거예요. 누명을 썼다 해도, 설사 자신이 잘못을 저질러서 발을 잘렸다 해도 모두 왔다가 지나가는 일일 뿐인 거예요. 우사에게 중요한 것은 그 일을 어떻게 받아들일 것인지 자기에게 묻는 일이었을 거예요.

공문헌은 '하늘'을 '운명'이란 뜻으로 사용했지만 우사는 '자연'으로 해석했어요. 높은 자리에 오른 것이 자연스러운 일이었다면 벌을 받고 천한 신분이 된 것도 자연스러운 일이었어요. 누구에게나 일어날 수 있는 일이 일어났을 뿐 불행한 일이 닥쳤다고 보지 않았어요. 그래서 자신을 책망하며 괴로워하지도 않았고, 남을 원망하지도 않았어요. 명예를 잃고 경제적인 어려움에 처하고 친구들이 떠나고 남들에게 손가락질 받아도 우사는 끄덕도 하지 않았어요. 그만한 일에 무너질 만큼 허약한 사람이 아니었어요. 그것이 바로 장자 아저씨가 말씀하시는 '양생養生', 도를 얻은 사람들의 참된 인생이랍니다.

도를 얻는다는 것은 100퍼센트 자유롭게 된다는 뜻이에요. 슬픔을 느끼지만 슬픔에 사로잡히지는 않아요. 고통을 느끼지만 고통 때문에 못 견뎌 하지 않아요. 슬픔과 고통이 오고 가는 것을 담담하게 바라볼 수 있어요. 그런 사람은 그물에 가둘 수 없는 바람과 같지요. 아무것도 그를 결박하지 못해요.

어떻게 하면 그럴 수 있을까요? '왜 나에게 이런 일이 일어났을까?' 그런 질문이 마음속에 생기면 자신을 가만히 관찰해 보면 좋겠어요. 내가 그 일에 대하여 어떻게 반응하는지 말이에요. 우린 곧 깨닫게 될 거예요. 화를 내거나 절망하는 것이 전혀 상황을 바꿀 수 없다는 사실, 그리고 그 일은 일어난 그 순간 이미 과거의 일이라는 것을 말이에요. 지나간 일은 어떻게 해도 돌이킬 수 없어요. 과거에 묶여 괴로워할 것인가? 지금, 이 자리에서 그 일이 내게 가르쳐 주려 하는 것을 배울 것인가, 여러분은 어떤 쪽을 선택하고 싶으세요? 선택도 훈련이 필요해요. 나는 이쪽을 선택하고 싶은데 내 마음은 벌써 저쪽으로 기울어지는 때가 많거든요. 내가 원하는 것을 내 마음이 따라올 때까지 연습하고 또 연습합시다.

노담의 죽음

아무리 문명이 발달해도 사람 마음대로 되지 않는 네 가지가 있어요. 첫째, 태어남이에요. 엄마가 아기를 낳고 싶어도 하늘이 주시지 않으면 낳을 수 없는 것처럼 아기가 태어나는 것도 자기의 뜻은 아니죠. 둘째, 늙는 것이에요. 풍성하고 아름답던 머리칼은 점점 윤기를 잃고 숱이 줄어들면서 흰머리가 생기기 시작해요. 탄력 있던 피부엔 주름살이 생기고 등은 점점 굽고, 눈이 어두워져서 작은 글씨를 읽지 못하게 돼요. 안타까운 일이지요. 셋째, 병드는 것이에요. 병원에 가보면 환자들이 정말 많아요. 치료를 받고 병이 나으면 다행이지만 때로는 고칠 수 없는 병이 찾아와 고통을 겪기도 해요. 넷째, 죽음이에요. 태어난 생명은 언젠가는 반드시 죽음을 맞이하게 되어 있어요. 태어나고, 늙고, 병들고, 죽는 것. 사람에게 이 네 가지는 늘 고통이지요. 탄생은 축복이라고요? 맞아요. 아기가 태어나면 얼마나 신비로운지, 얼마나 귀엽고 사랑스러운지, 온 집안에 기쁨이 넘쳐요. 그러나 태어남이 없으면 죽음도 없겠지요? 꽃봉오리 같고 별 같은 아기의 탄생도 어김없이 늙음, 병듦, 죽음과 이어져 있어요.

우리가 겪어야 하는 고통 가운데 가장 두렵고 힘든 일은 죽음일 거예요. 사랑하는 이를 다시 볼 수 없다는 사실보다 더 슬픈 일이 있을까요? 그런데 장자 아저씨는 죽음을 '풀려나는 것'이라고 말했어요. 풀려난다는 것은 얽매여 있던 것으로부터 벗어나 자유로워진다는 뜻이지요. 장자 아저씨가 들려 주시는 옛날이야기를 들어 볼까요?

노담老聃이란 사람이 죽자 친구 진일이 문상하러 왔다. 그런데 곡을 형식적으로 세 번만 하고는 별 슬픈 기색도 없이 나가 버렸다. 진일의 제자가 그걸 보고 이상하게 생각해서 진일에게 물었다.
"선생님은 돌아가신 그분의 친구가 아니신지요?"
"그렇다."
"그런데 문상을 그런 식으로 해도 되는 것입니까?"

제자가 보기엔 문상을 하는 스승의 태도가 너무나 성의 없어 보였던 것이지요. 진일은 이렇게 대답해요.

"그렇다. …… 아까 내가 문상할 때 보니 늙은이는 제 자식을 잃은 듯이 곡을 하고 있고, 젊은이는 제 어버이를 잃은 듯이 곡을 하고 있었다. 그렇게 모여서 떠들고 우는 것은 삶과 죽음이라는 자연의 도리에서 벗어나 진실을 거역하고 하늘로부터 받은 본분을 잊은 것이다. 옛날 사람들은 이것을 '하늘을 도피한 벌'이라고 하였다."

죽고 사는 것은 사람의 뜻과는 아무 상관없는 일이에요. 그러므로 사람이 할 수 있는 일은 삶도 죽음도 자연에 맡기고 따르는 것뿐이지요. 그걸 모르는 사람은 없어요. 그런데 마음은 그렇지가 않지요. 견딜 수 없는 아픔에 시달리지 않을 수 없어요. 죽음을 거부하고 몸부림치면 칠수록 더 깊은 고통의 수렁 속으로 빠져들게 돼요. 옛 사람들은 그런 고통을 가리켜 '하늘의 법칙으로부터 도피하여 받는 벌'이라고 했다는 거예요. 진일은 계속 말을 이어 갔어요.

"그가 어쩌다가 이 세상에 태어난 것은 태어날 때를 만났기 때문이고, 그가 어쩌다 세상을 떠난 것도 죽을 운명을 따랐을 뿐이다. 시간의 변화에 평안히 머무르며 자연의 도리를 따라간다면 기쁨이나 슬픔 따위 감정이 끼어들 여지가 없는 것이다. 이런 경지를 옛날 사람들은 '하늘의 묶어 매닮에서 풀림'이라고 불렀다."

여름이 다가온다고 봄이 울고불고 하지 않는 것처럼, 겨울이 온다고 가을이 서러워하지 않는 것처럼, 사람도 태어나고 늙고 병들고 죽

는 자연의 순리를 평안하게 받아들이는 경지가 되면 슬픔이나 기쁨에 사로잡히지 않고 늠름하게 살 수 있다는 거예요. 그렇게 되면 더이상 두려움과 고통이 없겠지요. 그야말로 해방되겠지요. 마치 밧줄에서 풀려나듯 말이에요.

그런데 진일은 친구 노담의 죽음이 정말 아무렇지도 않았을까요? 그렇지는 않겠지요. 슬픔과 기쁨이 끼어들 여지가 없다는 말은 슬픔과 기쁨을 모르는 목석 같은 사람이라는 뜻은 아니에요. 슬퍼하고 기뻐하되 정도를 지나쳐서 자기를 잃어버릴 정도는 아니라는 거지요. 그것이 장자 아저씨가 말하는 양생, 즉 잘 사는 것이에요. 노담과 진일의 이야기를 들려주면서 장자 아저씨가 하고 싶은 말씀은 사람들이 마치 자기의 자식이 죽은 듯이, 어버이를 잃은 듯이 슬퍼하는 것은 자연스럽지 못하다는 것이에요. 문상은 적어도 이러이러해야 한다는 기준이 사람들에게 있지요. 그것을 '인습因襲'이라고 해요. 예전의 풍습, 습관, 예절 따위를 그대로 따른다는 말이지요. 진일의 제자도 다른 사람들과 자기 선생님을 비교해 보고 선생님의 문상이 다른 사람들에 비해 성의가 없다고 판단했어요. 인습에 매이다 보면 마음속에 있는 감정보다 행동과 말이 과장될 수도 있어요.

포정이 칼끝 하나 다치지 않고 자연의 리듬에 맞추어 춤을 추듯 소를 잡는 이야기, 한쪽 발을 살리는 형벌을 당한 우사가 괴로움에 사로잡히지 않고 편안하게 사는 이야기, 친구의 죽음을 담담하게 문상

하는 진일의 이야기…… 이 모두가 신나고 활기찬 삶, 생명을 북돋
우는 행복한 삶이란 어떤 것인지 가르쳐 주기 위한 장자 아저씨의 우
화들이에요.

　죽음을 두려워하지 않고 너무 슬퍼하지 않으며 삶과 마찬가지로
자연스럽게 여기는 것, 우린 언제나 그런 경지에 이를 수 있을까요?
이르는 날이 있겠지요. 우리가 마음으로 간절히 바란다면 말이에요.
우리에겐 이러한 삶이 있다는 것을 알려 주는 스승들이 계시니까요.

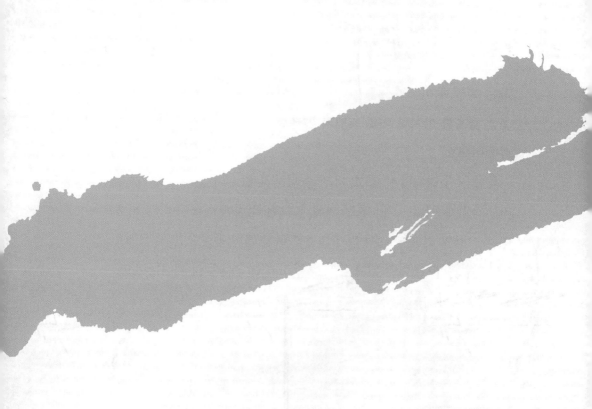

마음을 비워라
쓸모없는 나무들
꼽추 지리소

사람 사는 세상

〈인간세〉

질문도 답도 사람 사는 세상에 있어요.
폭군과 온갖 질고에 시달리는 세상에서
옛사람들은 어떻게 자기를 세웠을까요?

마음을 비워라

안회顔回는 공자께서 가장 사랑하는 제자였어요. 안회는 무척 가난했지만 가난 속에서도 즐거운 마음을 잃지 않았고 어느 누구보다도 배우기를 좋아했어요. 그런 안회를 공자께서는 아낌없이 칭찬하셨죠. 그렇게 믿음직한 제자인 안회가 하루는 공자께 여행을 떠나겠다고 말씀 드렸어요.

"어디로 가려느냐?"

"위衛나라로 가렵니다."

"무엇 하려고?"

"위나라 임금이 나이가 젊고 제멋대로 권력을 휘두르며 백성을 함부로 죽여 시체가 풀처럼 쌓여 있답니다. 가서 선생님께 배운 대로 위나라의 병을 고칠 길을 한번 생각해 보고 싶습니다."

목숨을 걸고 포악한 임금을 설득하여 좋은 정치를 펴도록 돕겠다는 것이지요. 그런데 공자께서는 뜻밖에도 제자의 갸륵한 뜻에 찬성하지 않으셨어요.

"옛사람은 먼저 자기를 세운 다음에 남을 세웠다. 자기를 세우는 일도 미처 다하지 못했으면서 어느 겨를에 난폭한 사람의 소행을 간섭할 것인가? …… 남의 마음도 모르면서 억지로 인仁이니, 의義니 하는 덕목을 휘두르며 설득하려 하는 건, 남의 못난 점을 이용하여 저 잘났음을 드러내는 것이다. …… 너는 그에게 목숨이나 잃게 될 것이다."

자기를 세운다는 게 무슨 뜻일까요? 그렇게 훌륭한 안회도 아직 완성되지 못했다는 걸까요? 공자께서는 계속하여 걸桀과 주紂에게 죽임을 당한 충신 관용봉과 비간의 이야기를 들려주셨어요. 걸과 주는 각각 중국 하夏나라와 은殷나라의 마지막 왕이에요. 두 사람 모두 유명한 폭군이지요. 특히 왕자 비간은 주의 숙부였는데도, 주는 "성인의 심장엔 일곱 개의 구멍이 있다는데 그것을 보고 싶다."면서 잔인하게 비간을 죽였어요. 그런데 공자께서는 관용봉과 비간을 칭찬하기는커녕 비판하셨어요.

"그들은 스스로 덕을 쌓고 백성들을 따르게 함으로써 신하의 신분으로 왕의 뜻을 거역한 이들이다. 그들의 덕행이 훌륭했기 때문에 왕의 기분을 거스르고 결국 모함을 받아 죽은 것이다. 관용봉과 비간은 명예를 좋아하여 해를 입었다."

이해가 잘 안 되죠? 공자께서 제자 안회와 나누었다는 이 이야기는 허구랍니다. 장자 아저씨가 지어낸 거예요.

우리도 좋은 일을 할 때가 있지요. 혼자 사시는 할머니, 할아버지 댁에 가서 마당의 풀을 뽑기도 하고 몸이 불편한 분들이 모여 사는 곳에 찾아가 목욕하는 것을 도와드릴 때도 있을 거예요. 우리는 그것을 '봉사 활동'이라고 해요. 봉사 활동을 하고 시간을 계산하여 봉사활동 확인서를 떼죠. 봉사 활동을 지속적으로 열심히 한 학생은 상도 받고 고등학교나 대학교에 진학할 때 가산점을 받기도 해요. 봉사는 남을 도우면서 자신이 성장하는 아름다운 일이에요. 그런데 장자 아저씨가 이것을 본다면? 보나 마나 칭찬하지 않으실 거예요. 관용봉과 비간을 비판하듯 선행 뒤에 눈곱만큼이라도 있을지 모르는 명예를 탐하는 마음, '내가 그 일을 했다'는 의식을 날카롭게 파헤칠 것이 틀림없어요.

안회가 스승께 여쭈었어요.

"마음을 단정하게 하고 순수한 입장을 지키면 안 되겠습니까?"

"어림없다."

안회는 다시 여러 가지 방법을 늘어놓았어요. 마음을 곧게 지니고 외모를 부드럽게 하겠다, 의견을 말하더라도 옛사람의 말을 인용하여 상대방의 비위를 거스르지 않겠다, 남들과 같이 신하된 예의를 정중하게 지키겠다 등등……. 공자께서는 여전히 고개를 가로저으셨어요.

"방법이 많기도 하구나. 벌은 면하겠지만, 그뿐이다. 너는 아직도 네 생각에만 매여 있다."
"저로서는 더 이상 모르겠습니다. 선생님, 부디 그 방법을 가르쳐 주십시오."

이런저런 이야기를 구차하게 늘어놓던 제자가 자기에게 답이 없음을 인정하자 스승은 대답하셨어요.

"마음을 깨끗이 비워라."

하늘이 텅 비어 있어 비행기와 새의 길이 열릴 수 있는 것처럼 자신을 비운 뒤에야 걸어갈 길이 생긴다는 것이에요. 위나라의 임금은 포악하다, 내가 가서 바로잡아야 한다는 생각을 먼저 굳히고 그 생각에 상대방이 따르도록 만들려는 생각에만 사로잡혀 있던 안회는 곧장 알아듣고 기뻐서 소리쳤어요.

"선생님께 가르침을 받기 전에는 제가 저로 가득 차 있었는데 가르침을 얻고 보니 처음부터 저는 없었습니다."

스승은 비로소 고개를 끄덕였어요. 옛사람들이 자기를 바로 세웠다는 것은 마음을 텅 비웠다는 뜻이었어요. 모든 존재가 하나라는 것과, 다른 사람과 다른 특별한 '나'는 존재하지 않는다는 걸 깨달았다는 말씀이었어요. 장자 아저씨가 공자님과 안회의 대화를 통해 하고 싶었던 이야기는 바로 그것이었어요. 마음을 깨끗이 비우면 어짊, 의로움, 충성됨 같은 아름다운 덕목들이 저절로 생긴다는 것, '내가 했다', '이것이 내 생각이다', 이런 것들이 있는 한, 어떤 훌륭한 성품도 완성되지 않는다는 것.

"지인知人은 내가 없고, 신인神人은 이루어 낸 것이 없으며, 성인聖人은 이름이 없다."라고 장자 아저씨는 말씀하셨어요. 지인, 신인, 성인은 특별히 구분할 필요 없이 모두 깨달은 분, 마음을 깨끗이 비운 분, 즉 도에 다다른 분이라고 해석해도 좋겠어요. '나'라는 의식이 없으니 무슨 일을 해도 '내가 했다'는 공을 내세울 일이 없고 그러므로 이름이나 명예 또한 탐할 일이 없겠지요.

공자님도 자기와 대등하게 여기실 만큼 어질고 훌륭했던 안회와 포악한 위나라 임금은 같은 존재일까요? 다른 존재일까요? 장자 아저씨의 대답은 '같다'는 거예요. 그 눈을 뜬 사람이 완성된 사람이고 완성된 사람만이 남을 바로 세울 수 있다는 것이 장자 아저씨가 하려고 했던 말씀이에요.

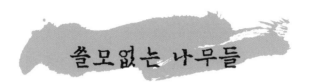

쓸모없는 나무들

하루는 장석匠石이라는 사람이 제齊나라로 가다가 곡원이란 곳에서 커다란 상수리나무를 보았다.

'장匠'은 목수를 뜻하는 글자예요. 그러니까 '석石'이라는 이름을 가진 목수라는 뜻이지요. 장석이 본 나무는 그곳의 토지신을 모신 사당에서 자라는 상수리나무였어요.

나무가 어찌나 큰지 수천 마리의 소를 가릴 정도였다. 굵기는 백 아름이나 되고 높이는 산을 올려다볼 정도이고 배를 만들 만한 나뭇가지도 수십 개나 되었다. 나무 둘레에 구경꾼이 장터처럼 보였는데 장석은 거들떠보지도 않고 지나쳤다. 장석의 제자가 나무를 구경하다가 달려가 물었다.

"제가 도끼를 잡고 선생님을 따라다니게 된 뒤로 저렇게 훌륭한 재목은 아직 본 적이 없는데 선생님께서는 거들떠보지도 않고 지나치시니 어찌된 일인지요?"

장석이 대답했다.

"쓸모없는 나무다. 배를 만들면 곧 가라앉을 것이고 널을 짜면 곧 썩을 것이고 물건을 만들면 곧 망가질 테고 기둥을 만들면 벌레가 파먹을 것이다. 아무짝에도 쓸 데가 없어서 저렇게 오래 사는 것이다."

그날 밤 장석의 꿈속에 사당의 상수리나무가 나타났다.

"열매 맺는 나무들은 열매가 익으면 곧 잡아 뜯기고 욕을 당하지. 맛있는 열매를 맺는 능력 때문에 괴롭힘을 당하다 천명을 다하지 못하고 죽게 된다. 나는 쓸모없기를 오랫동안 바라 오다 몇 차례 죽을 뻔했는데 오늘 비로소 뜻을 이루어 쓸모없음을 내 큰 쓸모로 삼게 됐다."

상수리나무가 그렇게 크니 사람들 눈에 쉽게 띄었겠지요? 여러 번 베어져서 재목이 될 뻔했을 거예요. 그런데 오늘 이름난 목수 장석에게 쓸모없는 나무라고 낙인이 찍혔으니 이제 안심이라는 말이지요. 남에게는 쓸모없으나 그 쓸모없음이 상수리나무 자신에게는 하늘이 주신 생명을 온전히 누릴 수 있게 해 주는 큰 쓸모라는 거예요. 대단한 말이지요? 누가 뭐라든 자기 자신으로 살아가는 것, 남의 쓸모에 맞추기 위해 자기에게 무리한 요구를 하지 않고 즐겁게 살아가는 것,

얼마나 멋진 일인지요?

장자 아저씨의 이야기가 담긴 책, ≪장자≫에는 이렇게 커서 쓸모 없는 나무 이야기가 또 있어요. 다시 말하면 쓸모가 없어서 제 수명 대로 살고 있는 나무 이야기예요.

자기子綦라는 사람이 상구商丘에 갔다가 큰 나무를 보았는데 보통 나무 와는 사뭇 달랐다. 어찌나 큰지 네 마리 말이 끄는 수레 천 대를 그 나 무에 매어 놓아도 그늘에 푹 가려서 보이지 않을 정도였다.
자기가 말했다.
"이건 무슨 나무일까? 훌륭한 재목임에 틀림없구나."
그러나 나무를 올려다보니까 잔가지는 구불구불해서 마룻대나 들보로 쓸 수 없고, 굵은 밑둥을 내려다보니 속이 텅 비어서 널을 만들 수도 없게 생겼다. 잎을 핥아 보았더니 어찌 독한지 입이 문드러져 헐고 냄 새를 맡아 보았다가 몹시 취해서 사흘이 되어도 깨어나지 못했다.
자기가 말했다.
'이 나무는 쓸모가 없어서 베이지 않고 이토록 크게 자랄 수 있었구나.'

상구의 큰 나무는 잎도 가지도 밑둥도 아무짝에 쓸모없는 나무였 어요. 그래서 집 짓는 데 목재로 쓰이지 않고 널빤지가 되지도 않고 나무, 그 자신으로 살아가고 있는 것이었어요.

나무가 처음 땅 위에 싹을 틔울 때 책상이나, 대들보나, 널빤지가 되려는 마음을 먹는 것은 아니에요. 노랑 병아리도 한 그릇 백숙이 되려고 알을 깨고 나오는 게 아니에요.

　사람도 마찬가지 아닐까요? 우린 어딘가에 쓰이기 위해, 누구에겐 가 쓸모 있는 사람이 되기 위해 태어났을까요? 아니에요. 나무는 나 무로, 병아리는 병아리로, 사람은 사람으로 그냥 태어났어요. 그러므 로 좋은 목재로 쓰일 만하지 않아도, 맛있는 백숙이 되지 않아도, 훌 륭한 일을 따로 하지 않아도 모든 존재는 그 자체로서 귀한 거예요. 그런데 사람들은 쓸모없다는 말을 모욕이라고 생각해요. 자신에게 도, 남에게도, 쓸모 있기를 요구하고 세상에 있는 모든 존재를 쓸모 있느냐, 없느냐로 나누어요. 그래서 배추 값이 떨어지면 죄 없는 배 추를 밭에서 갈아엎어요. 전염병이 돌면 돼지나 닭이나 오리를 산 채 로 땅에 묻어 버리고요. 쓸모없어졌기 때문이지요. 사람들의 세상에 서나 일어날 수 있는 비극이에요.

　이야기 속에 나오는 두 사람, 장석과 자기는 인간의 쓸모에 자기를 내어 주지 않는 두 나무를 통해 신인神人의 모습을 보았어요. 신인神 人은 지인至人, 진인眞人과 마찬가지로 진리에 다다른 이상적인 사람 을 가리키는 말이에요. 쓸모없는 나무와 같은 존재, 쓸모없음으로 큰 쓸모를 얻은 자유로운 존재예요.

　쓸모가 있다, 없다…….

　이 땅에 사는 생명체들 중에서 오직 사람만이 가지고 있는 기준이에요. 그 잣대를 들고 남과 자기를 판단하지 말라고 장자 아저씨는 거듭거듭 이야기하고 있어요. 사람뿐 아니라 이 세상에 존재하는 것들은 모두 그 자체로 아름답고 귀하다는 사실을 우리는 언제나 마음으로 깨달을 수 있을까요?

꼽추 지리소

앞에서 장자 아저씨가 엄청나게 크기만 할 뿐 잎도 가지도 열매도 뿌리도 도무지 쓸모가 없는 두 나무의 이야기를 들려주셨어요. 집 짓는 데 필요한 목재로도 쓸 수 없고 널빤지로 켜서 배를 만들 수도 없고 열매도 맛없이 쓰기만 해서 베이지 않고 오래오래 살아 있는 나무들의 이야기였어요. 인간의 쓸모에 자기를 내주지 않는 그 나무들처럼 누가 뭐라고 하든지 상관하지 말고 자기 자신으로 살아가라고, 남의 쓸모에 맞추기 위해 자기에게 무리한 요구를 하지 말고 즐겁게 살아가라고 말씀하셨지요. 이제는 쓸모없는 나무와 같은 어떤 사람 이야기를 들려드릴게요. 쓸모없음으로 큰 쓸모를 얻은 자유로운 사람 이야기예요.

그 사람의 이름은 지리소예요. '소'가 이름이고 '지리'는 별명이에요. '지리멸렬하다'는 말이 있지요? 이리저리 흩어져서 갈피를 잡지 못한다는 말인데 지리소의 '지리'도 형체가 온전하지 못한 모습을 뜻해요. 불리는 이름처럼 지리소는 불구자였어요. 얼마나 심한 꼽추였는지, 턱이 배꼽에 파묻히고 어깨는 정수리보다 높았어요. 남자들이 머리를 묶어 틀어 올린 것을 상투라고 하지요? 옛 중국 사람들의 상투는 목덜미 한가운데 있었다고 해요. 그런데 지리소는 굽은 등 때문에 머리가 낮아지니 상투가 하늘을 찌르는 것 같았고 두 넓적다리는 옆구리에 닿아 있었어요.

이렇게 심한 꼽추였지만 삯바느질과 빨래를 해서 먹고사는 데는 지장이 없었어요. 입에 풀칠을 한다는 말이 있어요. 아주 부유하게 살지는 못해도 굶어 죽을 정도는 아니라는 말이에요. 또 지리소는 키질도 잘했어요.

옛날엔 '키'라는 물건에 곡식을 담고 위 아래로 까불러서 바람에 겨를 날려 보내고 곡식만 가려서 모았어요. 키를 본 적이 있나요? 옛날 어린이들은 자다가 이불에 오줌을 싸면 이 키를 머리에 뒤집어쓰고 이웃집에 소금을 얻으러 돌아다니는 풍습이 있었어요. 아침에 옆집 아이가 키를 쓰고 오면 어른들은 웃음을 참으면서 소금을 한 줌 내주곤 했어요. 오줌 싼 아이에겐 정말 부끄러운 일이었겠지요? 그런 일을 겪고 나면 정신이 번쩍 들어서 이불에 오줌 싸는 일이 저절로 고쳐질 것 같아요. 그렇게 아이들은 마을 공동체의 아이들로 흉허물 없이 자랄 수 있었을 것도 같고요.

이야기가 잠깐 빗나갔어요. 아무튼 지리소는 그렇게 키질을 해서 열 식구를 너끈히 먹여 살릴 수 있었어요. 나라에서 다른 나라와 전쟁을 하느라고 군인을 징집할 때, 지리소는 몸이 불편하기 때문에 병역의 의무가 없어 두려움 없이 사람들 사이를 유유히 다닐 수 있었고 나라가 큰 공사를 벌여 백성을 징집하여 일을 시킬 때도 불구자 지리소는 제외되었죠. 그뿐 아니라 나라에서 아픈 사람들에게 곡식을 내릴 때는 세 가지 곡식에 열 다발의 장작을 받았어요.

그야말로 지리소는 아무짝에도 쓸모없는 인간이었어요. 지리소의 그 쓸모없음이 그를 전쟁의 위협과 부역의 고달픔으로부터 벗어나게 하고 자신의 삶을 자유롭게 누릴 수 있게 했던 거예요. 남들에겐 쓸모없을지 몰라도 자기를 위해선 가장 쓸모 있는 몸이었지요. 장자 아저씨는 꼽추 지리소의 이야기 끝에 한마디 덧붙이셨어요.

"이처럼 몸뚱이가 지리한 사람이 오히려 제 몸을 잘 지키고 길러 오래오래 살아가는데 마음의 덕이 지리한 사람이야 말해 무엇 하겠는가?"

어려운 말이지요? 몸뚱이가 온전하지 못해서 받는 유익이 이렇게 큰데 덕德이 온전하지 못해서 받을 수 있는 유익은 얼마나 더 크겠느냐는 말이에요. 덕이 온전치 못하다는 말은 여기에서는 어리숙하다는 뜻이에요. 세상 사람들이 다 좋다고 하는 것을 좋아할 줄 모르고 세상 사람들이 다 싫다고 하는 것이 싫은 줄 모르는 어리석은 사람이

라는 말이지요.

유명해지는 것은 사람들이 좋아하는 것이겠지요? 돈을 많이 버는 것도, 유명한 대학을 나오는 것도, 남들에게 사랑을 듬뿍 받거나 칭찬을 받는 것도 누구나 바라는 일일 거예요. 반대로 힘든 일을 하는 것, 남들이 알아주지 않는 것, 가난한 것, 남들의 칭찬과 사랑을 받지 못하는 것은 누구나 바라지 않겠지요. 그런데 덕이 지리한 사람들, 즉 남들과 다른 덕을 가진 사람들은 남들이 관심을 두고 스스로 얽매이는 그런 일들에는 일체 관심이 없다는 거예요. 다른 이들이 칭찬을 하거나 비난을 하거나, 나의 이름이 세상에 알려지거나 말거나, 부유해지거나 가난해지거나 하는 것들이 그 사람의 중심을 흔들지 못해요. 그렇게 자유로운 사람이 살아가는 세상은 어떤 세상일지 상상이 되나요?

'칭찬은 고래도 춤추게 한다'는 말이 있어요. 하지만 남의 칭찬에 춤을 추는 건 위험한 일이 될 수 있어요. 칭찬을 받는 일에 길들여지면 남들이 칭찬하지 않는 일은 하지 않게 돼요. 또 남들에게 칭찬을 받지 못하는 것을 못 견디게 돼요. 모든 일에 남 눈치를 보고 남의 필요에 따라 살아야 하니 얼마나 답답할까요? 남의 칭찬이 아니라 자기 내면에서 우러나오는 기쁨에 춤을 추는 사람이 행복한 사람이지요.

어린 아기들이 그림을 그리는 모습을 가만히 지켜보세요. 아무렇게나 마음 내키는 대로 그려 대지요. 잘 그리려고 애쓰지 않아요. 누가 자기를 바라보고 있는 것도 알지 못해요. 아기의 그림은 비싼 값에 팔리지도 않을 테고 상을 받지도 않을 거예요. 아기가 그리는 그림은 쓸모가 없는 것일까요? 사람들에게는 쓸모없는 그림일지도 모르지만 아기에겐 그 순간 최고의 놀이예요. 아기가 다른 사람들을 위해 그림을 그릴 필요는 전혀 없는 것이지요.

발 잘린 왕태

네가 감히 나와 맞먹겠다고?

모두가 반하는 남자, 애태타

내면에 덕이 가득해서
저절로 드러나다

〈덕충부〉

거울같이 잔잔하고 고요한 마음,
즐겁고 따뜻하고 느긋한 마음,
옹졸하지 않고 툭 트인 마음,
그것이 덕으로 가득 찬 사람의 마음이랍니다.

발 잘린 왕태

　노魯나라는 공자께서 태어나신 나라예요. 55세가 되셨을 때, 공자
께서는 자신을 알아주는 제후를 만나 아름다운 정치를 펴 보려는 뜻
을 가지고 제자들과 함께 '주유천하'를 하시죠. '주유周遊'는 '두루 돌
아다니면서 논다'는 말이에요. 공자께서 중국 땅을 두루두루 다니면
서 가르침을 펼친 14년을 그렇게 부른답니다. 노나라에서 위, 송, 정,
진, 초나라로, 초나라에서 다시 위나라를 거쳐 고향인 노나라로 돌아
오셨을 때 공자의 연세는 68세였어요. 고향에 돌아온 뒤에 부패가 심
한 역사를 바로잡고 후대에 바른 역사를 남기기 위해 ≪춘추≫를 펴
내시죠. 각 지방과 나라에 퍼져 있는 이야기 모음집인 ≪시경≫, ≪서
경≫, ≪역경≫도 이 시기에 공자께서 쓰신 책들이에요. 공자께서 돌
아가신 뒤, 14년간 여행을 함께하면서 공부한 제자들을 통해 공자의

말씀이 담긴 ≪논어≫라는 책도 세상에 나오게 되었지요. 이렇게 한 평생을 공부하고 제자들을 기르면서 살아오신 공자는 누구나 인정하는 노나라 최고의 스승이셨어요.

그런데 장자 아저씨의 말씀에 따르면 노나라에 또 한 사람의 스승이 있었대요. 그의 이름은 왕태예요. 왕태는 형벌을 받아 발 하나를 잘린 사람이었는데, 왕태를 따르는 사람의 수가 공자를 따르는 사람의 수와 맞먹을 만큼 많았답니다. 유명하지도 않을 뿐더러 발 잘린 죄인인데도요.

공자의 제자인 상계가 공자께 여쭈었어요.

"왕태는 절름발이인데도 따르는 사람들이 많아 선생님의 제자가 노나라의 반이라면 왕태의 제자가 나머지 반입니다. 서서 가르치는 일이 없고, 앉아서 토론하는 일도 없다는데, 사람들이 텅 빈 채로 가서 가득 얻어 돌아온답니다. 정말 '말로 하지 않는 가르침'이란 것이 있을까요? 몸이 불구인데 마음이 온전할 수 있을까요? 도대체 그의 정체가 뭘까요?"

상계는 외모를 보고 사람을 판단했어요. 몸이 불구인 사람이 어떻게 공자와 맞먹을 정도로 많은 제자를 이끌고 있는지 이해가 되지 않았지요. 공자께서 단호하게 대답하셨어요.

"그분은 성인이다. 어찌 노나라 사람들만 그를 따르겠느냐? 나는 온 세상 사람을 이끌고 가서 그분의 제자가 되려고 한다."

상계가 놀라 다시 여쭈었어요.

"그분은 절름발이인데도 선생님보다 훌륭하다는 말씀입니까? 그렇다면 그런 사람의 마음 씀은 대체 어떤 것일까요?"

공자께서 이렇게 대답하셨어요.

"죽고 사는 일도 그 사람의 마음을 흔들지 못하지. 설사 하늘이 무너지고 땅이 꺼진다 해도 꿈쩍도 하지 않아. 귀에 들리는 것, 눈에 보이는 것이 전부가 아니라는 것을 알지. 그런 사람의 마음은 덕德에서 나오는 평화로움 속에 자유롭게 노니는 걸세. 그러니 발 하나 떨어져 나간 것쯤은 바짓가랑이에 붙어 있던 흙덩어리 하나 떨어져 나간 것에 지나지 않아."

다르다고 보면 이 세상에 있는 모든 존재가 어느 것 하나도 같은 게 없지만 같다고 보면 '하나'가 아닌 게 없으니, 깨달은 사람의 눈으로 보면 두 발 달린 사람이나 외발인 사람이나 다를 게 없고, 죽는 것이나 사는 것이나 그게 그것이요, 하늘이 무너지고 땅이 꺼질 것 같은 불행이나 불운도 별 게 아니라는 말씀이지요. 공자께서는 왕태가 그런 사람이란 걸 꿰뚫어 보았어요.

장자 제5편, 〈덕충부德充符〉에 나오는 이야기랍니다. '내면에 덕이 가득해서 저절로 밖으로 드러나는 표시'라는 뜻을 담고 있는 제목이죠. 덕충부엔 이렇게 장애를 가진 사람들이 등장해요. 몸은 불구지만 하늘이 주신 빛을 자신의 내면에서 발견하고 아름답게 세상을 사는 사람들의 이야기가 담겨 있어요.

공자의 말씀을 듣고도 상계는 여전히 궁금했어요. 왕태는 강의도 해 주지 않고 토론도 이끌어 주지 않는데, 그저 자기를 수양하는 데 전념하는 사람에게 어떻게 그렇게 많은 사람이 모여들까?

"흐르는 물에는 자기 모습을 비춰 볼 수 없지. 고요한 물만이 사람의 모습을 비춰 주지 않는가? 고요함만이 고요함을 찾는 사람들의 발걸음을 멈추게 할 수 있다네."

그것이 공자의 대답이었어요. 고요하게 자기를 들여다보는 일, 그래서 고요함이 되는 일. 사람들이 와서 고요함에 비춰 자신의 모습을 바라보게 하는 일, 그것이 왕태의 '말 없는 가르침'이었어요. 한자로는 '불언지교不言之敎'라고 해요. 마음을 집중하여 고요히 자신을 들여다보면 무엇이 보일까요?

어제 나만 쏙 빼놓고 저희들끼리 영화를 보러 간 친구들 때문에 기분이 나쁜 내 마음속 저 깊은 곳에, 그런 일쯤이야 아무렇지도 않을 뿐더러 친구들이 내게 다가올 때 반갑게 대해 주고 도움이 필요하다면 도와주는 '큰 나'의 모습이 있다는 걸 보게 돼요. 그 애들도 역시 하느님께서 주신 아름다운 품성, 지혜, 덕이 있는 사람들인데 그걸 아직 몰라서 친구를 따돌리는 속 좁은 짓을 하고 있는 거죠. 그런 일에 위축되는 '작은 나'가 아니라 '그 무엇도 두려워하지 않는 나'가 되면 아무도 나를 함부로 대하지 못하게 되죠. 저절로 나를 존경하고 사랑하게 돼요. 발이 하나 잘려 나간 왕태를 사람들이 따르는 것처럼 말이에요.

왕태도 상계도 사실은 장자 아저씨가 꾸며 낸 인물이에요. 장자 아저씨는 왜 이런 이야기를 지어내신 걸까요? 훌륭하신 공자뿐 아니라 누구나 '큰 나'로 살 수 있다는 걸 알려 주고 싶어서가 아닐까요? 그렇게 사는 데는 돈이 많거나 적거나, 잘생겼거나 못생겼거나 하는 외부 조건들이 아무 상관없다는 것도 말씀하시고 싶었던 게 아닐까요?

네가 감히 나와 맞먹겠다고?

신도가申徒嘉는 올자兀者였어요. '올자'란 발이 하나 잘린 절름발이
라는 뜻이에요. 발이 잘리는 형벌을 당했으니 전과자인 거죠. 신도
가는 백혼무인伯昏無人이라는 분을 스승으로 모시고 있었는데 백혼무
인의 가르침을 받는 제자 가운데 정鄭나라의 훌륭한 재상인 자산子産
도 있었어요. 전과자와 높은 재상이 한 스승 아래서 공부했어요.

하루는 자산이 옆에 앉은 신도가에게 말했다.
"내가 먼저 나가면 자네가 남게. 자네가 먼저 나가겠다면 내가 남겠
네."
그 다음 날도 옆에 앉은 신도가에게 자산은 똑같은 말을 했다.
"내가 먼저 나가면 자네가 남게. 자네가 먼저 나가겠다면 내가 남겠

네."

자산은 전과자인 신도가와 나란히 있는 것이 싫었던 거예요. 자산의 가시 돋친 말은 계속되었어요.

"내가 지금 나갈까 하는데 뒤에 남아 주겠나? 아니면 먼저 나가겠나? 재상을 보고도 비켜설 줄을 모르니 한 나라의 재상과 맞먹겠다는 것인가?"
신도가가 대답했다.
"우리 선생님 아래 재상이라는 자리가 따로 있었던가? 남을 업신여기는 걸 보니 당신은 재상이라는 그 자리를 몹시 대단하게 생각하는가 보군. 거울이 맑으면 먼지가 끼지 않는 것처럼 어진 분 곁에 오래 있으면 허물이 없어지는 법이라던데 선생님의 도를 소중하게 받들고 살아가는 사람이 아직도 그런 소리를 하다니 크게 잘못된 거 아닌가?"

자기가 그처럼 꾸짖었는데도 기가 죽기는커녕 오히려 자신을 나무라는 신도가를 보고 자산은 기가 막혔어요.

"그런 꼴을 하고도 요임금만큼이나 잘났군 그래. 도무지 주제 파악을 못 하는군."

자산이 빈정거리는 소리를 듣고도 신도가는 빙긋 웃었어요.

"명궁名弓의 화살이 날아가는 자리에 있으면 누구나 화살을 맞을 수 있지. 화살에 맞지 않는 사람이 있다면 그것은 운이 좋아서이지 그가 훌륭해서가 아닐세. 당신 말고도 자기 발이 성하다고 해서 성하지 못한 내 발을 비웃는 사람들이 많았네. 나는 화가 불끈 나다가도 선생님을 만나면 그 마음을 말끔히 씻고 평소의 마음으로 돌아오곤 했다네. 19년 동안 선생님을 모시고 가르침을 받아 왔지만 선생님은 내가 발이 하나 있는지 없는지도 모르시네."

폭군과 탐관오리가 판을 치는 세상에서는 언제 무슨 모함을 받아 벌을 받을지 알 수 없는 일이에요. 죄 없는 사람도 억울하게 당할 수 있어요. 운이 좋아 그런 불행을 비껴갔다고 해서 불행을 당한 사람을 비웃을 수는 없는 것이겠지요?

자산과 신도가의 스승인 백혼무인은 이름이 곧 그의 가르침이라고 할 수 있어요. '백伯'은 '장長'과 같은 글자로 '매우', '몹시'와 같은 뜻을 담고 있고, '혼昏'은 '어둡다', '흐릿하다'라고 해석할 수 있어요. '무인無人'은 '남과 나를 구별하지 않는다'라는 말이지요. 그러니까 백혼무인은 매우 어둡고 흐릿한 사람, 있는 듯 없는 듯 자신의 존재가 드러나지 않는 사람, 남과 자신을 구별하지 않고 모든 존재와 일치된 사람이라는 뜻이에요. 스승에게 신도가는 그냥 신도가였어요. 죄인 신도가, 발 잘린 신도가가 아니었어요. 그런 스승 아래서 자산이 신도가를 죄인이라고 업신여겼으니 장자 아저씨의 칼날 같은 비판을 피해 갈 수 없겠지요.

이 이야기에 등장하는 자산은 실재 인물이에요. 그러나 여기 기록된 이야기와 다르게 사실은 어질고 현명한 재상이었어요. 공자님께서도 그를 칭찬하실 정도로 덕 있는 분이었죠. 한편 신도가와 백혼무인은 장자 아저씨가 지어낸 인물이에요. 장자 아저씨는 왜 없는 이야기를 지어내서 자산과 같은 훌륭한 사람을 망신시키는 걸까요? 참 괴팍하신 분 같아요. 그렇지만 장자 아저씨가 이렇게 하는 데는 분명한 의도가 있겠죠? 사람들의 존경을 받는 훌륭한 사람들이 빠지기 쉬운 함정을 경계하시는 거예요.

"네가 정말 훌륭하냐? 그럼 훌륭하지 못한 사람은 누구냐?" 하고 묻는 거예요. 자산은 좋은 스승을 찾아 공부하면서도 한 나라의 재상이라는 의식에 사로잡혀 자신이 누구인지 바로 보지 못했어요. 자기를 바로 보지 못하는 사람은 남도 제대로 보지 못하죠. 자산은 신도가의 외발에만 신경을 쓰느라 신도가가 어떤 사람인지 알지 못했어요. 장자 아저씨는 그런 사람들에게 "네가 하는 공부라는 게 정말 공부냐?" 하고 묻고 계신 거예요. 신도가는 자산에게 다음과 같은 뼈아픈 말을 남겼어요.

"자기 힘으로 어쩔 수 없는 일이 있다는 것을 알아서 그 일을 평안하게 받아들이고 하늘의 뜻에 따르는 일은 오로지 덕 있는 사람만이 할 수 있다네."

억울한 일, 슬픈 일, 분한 일은 누구에게나 닥쳐올 수 있어요. 울고 불고 좌절하는 대신 그 일을 담담하게 받아들이고 그것으로부터 배워야 할 것을 찾는 것이 덕 있는 사람이 하는 공부예요. 막상 눈앞에 닥쳐오면 잘 안 되죠. 신도가도 자신을 업신여기는 이들을 대할 때 불끈 화가 났다고 하잖아요? 그러나 선생님을 만나 마음을 가라앉히고 다시 고요한 마음으로 돌아오곤 했다고 말했어요. 공부란 그런 훈련을 반복하고 또 반복하는 거예요.

"네 까짓 게 감히 나와 맞먹겠다고?"

이렇게 오만한 생각이 들 때가 있으면 우리를 위해 좋은 배역을 맡아 준 두 사람, 신도가와 자산을 떠올리세요.

"너희들이 나를 업신여겨?"

이렇게 슬프고 분한 마음이 들 때도 마찬가지예요.

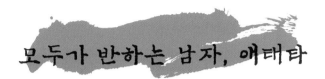

모두가 반하는 남자, 애태타

　중국 위衛나라에 애태타哀駘它라는 이름을 가진 남자가 살았어요. 남자든 여자든 그를 한번 만나기만 하면 그에게 푹 빠져들었어요. 남자들은 그의 곁에서 발걸음을 떼지 못하고 여자들은 그에게 시집가게 해 달라고 부모를 졸랐어요. 심지어는 다른 사람의 아내가 되느니 애태타의 첩이 되겠다는 여자들이 한두 명이 아니었어요. 얼마나 잘생겼으면 그럴까? 그런데 이상한 일은 애태타가 미남은커녕 둘째 가라면 서러울 정도로 못생긴 남자라는 것이었어요. 애태타의 명성은 이웃 나라인 노魯나라의 임금 애공哀公에게까지 알려지게 되었어요.

'애태타라는 인물이 그렇게도 훌륭한가?'

애공은 궁금했어요. 그를 불러들여 만나 본 애공은 놀라지 않을 수 없었어요. 소문대로 애태타는 추남 중의 추남이었어요. 세상이 깜짝 놀랄 만큼 못생긴 남자였어요. 말솜씨가 좋은가? 말을 잘하기는커녕 늘 다른 사람 의견에 동조만 할 뿐, 시원스레 자기 주장을 펴는 일도 없었어요. 학식이 뛰어나지도 않았어요. 재산이 많아서 굶주리는 사람들 배를 채워 주는 것도 아니고 높은 벼슬자리에 있어서 위험에 처한 사람을 구해 주는 것도 아니었어요. 도대체 애태타의 어떤 점이 수많은 사람을 모여들게 하는 걸까? 참 이상야릇한 일이었어요.

애공도 마찬가지였어요. 애태타를 만난 지 한 달이 못 되어 그의 사람됨에 이끌리게 되었고, 1년이 채 못 되어 그에게 비어 있는 재상 자리를 제안할 만큼 그를 신뢰하게 되었어요. 그런데 나라 살림을 맡아 달라는 애공의 부탁을 받고도 애태타는 기뻐하지 않았어요. 내키지 않는 얼굴로 마지못해 응낙을 하긴 했으나, 애공은 그의 표정을 보고 재상 자리를 사양하고 있다는 것을 짐작할 수 있었지요. 애태타를 곁에 두고 싶은 마음에 애공은 민망함을 무릅쓰고 그를 재상으로 임명했지만 오래지 않아 그는 온다 간다 말도 없이 애공 곁을 떠나고 말았어요.

애공이 공자께 말했다.
"저는 뭔가 소중한 것을 잃은 것처럼 마음이 아팠습니다. 이 나라를 다스리는 즐거움을 함께 누릴 사람이 없어진 것 같습니다. 그는 도대체

어떤 사람입니까?"

공자께서 말씀하셨다.

"언젠가 초楚나라에 사신으로 갔을 때 새끼 돼지들이 죽은 어미 돼지
의 젖을 빠는 것을 보았습니다. 얼마 후 새끼 돼지들은 죽은 어미를 버
리고 달아났습니다. 죽은 어미가 이제는 저희와 전혀 다른 존재라는
것을 알았기 때문이지요. 새끼들이 사랑하는 것은 어미의 몸이 아니라
어미의 몸을 움직이는 그 무엇입니다."

과연 공자는 나라의 스승이 될 만한 분이었어요. 사람들이 알아보
고 사랑한 것은 추남 애태타의 내면에 가득한 덕德이란 것을 금방 아
신 것이지요. 어미 돼지의 몸에 따뜻한 피를 돌게 하고 새끼 돼지에
게 젖을 먹이게 하는 것은 '몸' 자체가 아니라 몸을 살아 있게 하는
'생명'인 것처럼, 사람을 사람답게 하는 것은 잘생기거나 추한 겉모습
이 아니라 그 사람을 이루고 있는 덕의 깊이라는 걸 애공에게 들려주
셨어요.

돈도 권력도 말주변도 없는 추남 애태타가 가진 것이라곤 남의 이
야기에 동조하고 자신을 주장하지 않는 마음뿐이었어요. 물이 네모
난 그릇을 만나면 네모 모양으로 담기고 둥근 모양의 그릇을 만나면
둥근 모양으로 담기듯이 애태타는 '애태타'가 아니라 그가 만나는 사
람들과 하나였어요. 애태타와 애공과 공자가 등장하는 이 장면에서
도 장자 아저씨는 일관되게 이야기하고 있어요. '나'와 '나 아닌' 것을

구별하지 않고 '하나'로 사는 그것이 바로 하늘이 사람에게 준 흠 없는 바탕이라고요.

그런 바탕을 잃지 않고 간직한 애태타에게 재상이라는 권력은 의미가 없었지요.

공자께서 말씀하셨다.

"그런 사람은 죽고 사는 일, 가난하고 부유한 것, 현명하거나 어리석은 것, 추위나 더위 같은 변화에 마음을 빼앗기지 않습니다. 마음이 늘 조화롭고 즐겁고 시원하게 트여 있어 만물과 봄과 같은 기운으로 통해 있지요. 이런 경지에 이른 사람을 하늘이 준 재능을 온전하게 간직한 사람이라고 할 수 있습니다. 애태타는 재능이 온전하고 덕이 겉으로 드러나지 않는 인물일 것입니다."

애공이 공자께 여쭈었다.

"덕이 겉으로 드러나지 않는다는 것이 무슨 뜻입니까?"

"수평水平이란 말이 있지요. 그것은 물이 완전히 고요해진 상태입니다. 이것이 본보기가 될 수 있는 것은 안으로 고요를 간직하고 밖으로는 출렁거리지 않기 때문입니다. 덕을 이룬 사람이 그런 사람입니다. 그래서 사람들이 그에게서 떠나지 못하는 것입니다."

공자의 말씀을 들은 애공은 훗날 민자閔子에게 이렇게 말했다.

"내가 처음 임금이 되어 나라를 다스리면서 백성들에게 법을 지키게 하고 그들이 목숨을 잃지 않고 잘 살 수 있도록 염려하는 것으로 내 할 일을 다했다고 생각했소. 그런데 공자의 말씀을 듣고 내게 임금다운 바탕도 없으면서 몸을 가볍게 놀려 나라를 망치는 게 아닌가 하고 두려워졌소. 공자와 나는 임금과 신하가 아니라 덕으로 맺어진 친구요."

애공은 군자였던 모양이에요. 옳은 말을 들으면 소인배는 크게 비웃고 평범한 사람은 반신반의하고 뛰어난 사람은 그 말을 새겨들어 열심히 실천한다고 했어요. 애태타라는 사람을 잃은 아픔에 잠겨 있던 애공은 공자의 말씀을 듣고 자신의 내면을 들여다보기 시작했어요.

늘 거울같이 잔잔하고 고요한 마음, 즐겁고 따뜻하고 느긋한 마음, 옹졸하지 않고 툭 트인 마음, 그것이 덕으로 가득 찬 사람의 표식이랍니다.

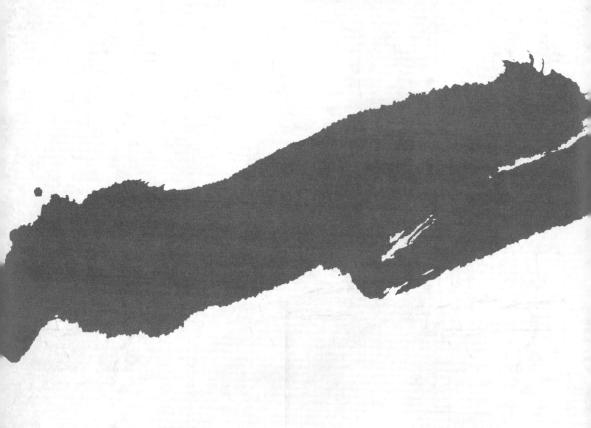

참다운 스승, 진인眞人
조용히 잠들었다 퍼뜩 깨어날 뿐
틀 밖에서 노는 세 친구
앉아서 잊다

스승 중의 스승

〈대종사〉

여러분이 존경하는 선생님은 누구인가요?
"나는 아무도 존경하지 않아."
"좋아하는 선생님이 없어."
그렇게 말하는 건 자기가 배움에
게으르다는 걸 자랑하는 거예요.

참다운 스승, 진인眞人

살아가는 동안 우리 앞에 일어날 일들 가운데 가장 멋진 일은 뭘까요? 전교 1등, 미스 코리아 당선, 복권 1등 당첨, 멋진 남자 친구 만나기……. 열 가지만 적어 보세요. 그리고 그 중에서 아홉 개를 지우고 하나만 남겨 보세요. 지우기가 너무 아까운 것들뿐이죠? 가장 마지막까지 남은 소망은 각자 다르겠지만 내가 선택한 그것이 나를 가장 행복하게 해 줄 것이란 믿음이 담겨 있다는 점에서는 같을 거예요.

장자 아저씨는 사람이 세상에 와서 살아가는 동안 경험해 볼 만한 일로 '앎'을 꼽았어요. 제대로 알기, 모르면서 안다고 생각하는 상태에서 벗어나기, 그래서 참된 앎에 이르기, 그것이 사람을 자유롭고 행복하게 해 줄 유일한 조건이라고 보았어요. 참된 앎에 이르면 명예를 얻어도 좋고 얻지 않아도 좋고, 부자여도 좋고 가난해도 좋고, 아름다운 외모를 가져도 좋고 갖지 않아도 좋고, 마침내는 살아도 좋고 죽어도 상관없는 경지에 이르게 돼요.

어떻게 그럴 수 있을까요? 자신이 외따로 선 독립적인 존재가 아니라 천지와 하나라는 것을 알기 때문이에요. 장자 아저씨가 말씀하시는 최고의 앎은 바로 그거예요. 우리가 천지자연이라는 것, 도를 모신 존재라는 것, 그걸 아는 게 이 세상에 온 목적이래요. 천지를 다 가진 사람이 따로 복권을 살 필요가 없겠죠? 죽음마저도 잠시 잠들었다 깨는 일쯤으로 여기니 두려워할 일도, 크게 슬퍼할 일도 없고요. 그런 사람을 장자 아저씨는 '진인真人'이라고 했어요. 참된 사람이라는 뜻이에요. 진인은 모든 것과 하나가 되어 있어 따로 구할 것이 없지만 진인에 이르지 못한 사람들은 모든 것이 자기 몸 밖에 있으니 가져도 더 갖고 싶고, 높은 자리에 올라도 더 오르고 싶은 욕심이 끝이 없어요. 만족하고 행복해하는 순간이 오래 가지 못해요. 누구나 행복을 원하는데 행복을 위해 욕심내는 일들이 오히려 행복을 방해해요. 그러므로 제대로 된 행복을 얻으려면 공부가 필요해요. 제대로 된 공부를 하려면 선생님이 필요하고요. 참된 앎에 이르려면 보고 배우고 의지할 참사람이 있어야 해요. 장자 아저씨는 진인을 〈대종사大宗師〉라고 부르셨어요. 크게 중심으로 삼을 스승, 스승 중의 스승이 대종사예요.

큰 스승이신 진인은 사람들과 어울려 살아갈 때, 하찮은 사람이라고 해서 따돌리거나 그의 뜻을 함부로 꺾지 않는대요. 세상 사람들의

눈에 아무리 보잘것없는 사람이라도 도를 모신 귀한 생명체이기 때문이에요. 진인은 또 무엇을 이루었다고 해서 뽐내지 않아요. 어떤 일이든 마땅히 이루어져야 할 일이 자신을 통해 이루어졌을 뿐, 자신이 애를 써서 한 일이라고 생각하지 않기 때문이에요. 그렇게 철저히 '나'라는 의식이 없는 사람은 혹시 무엇이 잘못된다고 해도 내가 일을 그르쳤다는 자책도 없겠지요.

이것에 대해 동화 작가 이현주 목사님은 유다와 베드로를 예로 들어 설명해 주셨어요. 똑같이 예수님을 배반했지만 유다에겐 그것을 뉘우치는 '나'가 있었고 베드로에겐 뉘우침이 있을 뿐 '나'가 없었다고 하셨어요. 유다의 '나'는 유다를 자결하게 했고 베드로의 '나 없음'은 자신이 아무것도 아니라는 것을 더욱 깊이 깨닫게 했지요.

세상 사람들이 존경하는 사람들 중에도 '나'가 시퍼렇게 살아 있어 장자 아저씨의 날카로운 비판을 받는 이들이 있어요. 요임금 때 어진 사람으로 이름 높았던 호불해는 요임금이 임금 자리를 물려주겠다고 하자 강에 빠져 죽었어요. 무광도 은나라 탕왕이 왕위를 물려주겠다고 하자 돌을 지고 여수에 뛰어들어 목숨을 버렸고, 무광이 죽자 기타는 다음은 자기 차례라고 생각하여 관수에 몸을 던졌어요. 기타의 죽음을 전해 듣고 신도적도 강에 빠져 죽었지요. 백이와 숙제는 은나라 고죽군의 아들들인데 서로 왕위를 양보하다가 문왕의 덕을 흠모하여 주나라로 갔어요. 문왕이 죽고 무왕이 주왕을 치려고 할 때 말렸으나 받아들여지지 않자 수양산에 들어가 굶어 죽었어요. 모두 임금이라는 헛된 자리를 탐하지 않고 생애에 오점을 남기지 않으려는 사람들이었어요.

그러나 장자 아저씨는 그들을 칭송하지 않았어요. 오히려 명예를 좇느라고 자기를 잃어버린 자들이라고 비판했어요. 어짊과 자유로움과 의로움을 귀중하게 생각하는 사람들에게 임금이란 자신들의 삶의 방식과 맞지 않는 성가신 자리일 뿐이에요. 하지만 그렇게 분명한 생각을 가진 '나'가 없었다면 이야기가 어떻게 달라졌을까요? 호불해도 무광도 기타도 신도적도 백이도 숙제도 자기를 내려놓고 굳이 맡아 달라는 임금, 해 줄 수도 있었겠지요? 임금이라는 이름이 붙든 말든 달라지는 것이 없지 않았을까요? 임금 자리에 죽어도 앉을 수 없다는 마음조차 없어야 진인이라고 장자 아저씨는 말씀하시는 것 같아요.

장자 아저씨의 이야기를 듣다 보면 지금까지 해 왔던 생각을 돌아보게 돼요. 잘못 알고 있던 점도 찾게 되고 당연하게 생각해 왔던 것에 대해서도 다시 생각하게 돼요. 그렇게 하도록 이끌어 주는 분이 스승이겠지요. 여러분이 존경하는 선생님은 누구인가요?

"나는 아무도 존경하지 않아, 좋아하는 선생님이 없어."

하고 당당하게 말하는 사람들은 자기가 배움에 게으르다는 걸 자랑하는 사람들이에요. 마음속에 질문이 생기면 스승을 찾게 돼요. 스승은 학교에서도 찾을 수 있고 이렇게 책에서도 만날 수 있어요.

조용히 잠들었다 퍼뜩 깨어날 뿐

표범의 꼬리와 호랑이의 이빨을 가진 서왕모는 중국 고대 신화에 나오는 여신女神이에요. 그녀의 생일날 초대된 8명의 손님들은 모두 신선이었어요. 서왕모는 손님들을 위해 곰 발바닥, 원숭이 입술, 용의 간처럼 맛있는 음식을 대접했어요. 그리고 먹으면 늙지도 죽지도 않는 복숭아를 후식으로 내놓았대요. 멋진 여신이죠? 서왕모는 언제나 16세 소녀의 얼굴이어서 사람들은 그녀가 언제 태어났는지, 언제 죽었는지 알지 못해요.

그렇게 늙지 않고 오래오래 산 임금으로 팽조가 있지요. 팽임금은 하夏나라, 은殷나라, 주周나라에 걸쳐 무려 7백 년을 살았어요. 중국 신화엔 그 외에도 하늘과 땅을 손에 들고 다닌 황제, 용을 타고 하늘로 올라간 황제의 이야기도 있고, 죽은 뒤에 별이 되어 별의 신들과 나란히 앉은 재상도 나와요. 그런데 인간의 한계를 뛰어넘는 능력을 지녔던 그분들의 관심사는 뜻밖에도 늙지 않고 오래 사는 것이 아니었어요. 장자 아저씨는 그들이 모두 '하나'를 얻은 사람들이라고 했어요. 서왕모도, 팽조도, 황제도 모두 똑같이 얻어서 지녔다는 그것이 뭘까요?

장자 아저씨의 이야기 속에는 그 '하나'를 얻은 사람들이 계속 등장해요. 자사子祀, 자여子輿, 자려子犁, 자래子來 이 네 사람도 그런 사람들이에요. 넷은 뜻이 통하는 친구였지요.

어느 날 자여가 병이 났다. 자사가 문병을 갔더니 자여가 남 이야기 하듯 말했다.

"정말이지 조물주는 대단하지 않나? 내 몸을 이렇게 오그라들게 하다니."

자사가 자여를 보니 과연 몰골이 기괴했다. 등이 불쑥 튀어나오고 턱은 배꼽에 묻히고 어깨는 머리보다 높이 올라가 있었다. 그런데도 자여는 마음에 조금의 동요도 없이 비틀비틀 걸어가서 우물에 자기 몸을 비춰 보더니 감탄하듯 중얼거렸다.

"정말 대단해. 내 몸을 이 지경으로 우그러뜨리다니."

자사가 물었다.

"자네는 그게 싫은가?"

자여가 대답했다.

"아니, 왜 싫어하겠나? 조물주가 내 왼팔을 바꿔서 닭을 만들면, 난 그 것으로 새벽을 알리겠네. 내 오른팔을 바꿔서 활을 만들면, 난 그것으 로 올빼미를 잡아 구워 먹을 것이요, 내 엉덩이를 수레바퀴로 만들고 내 넋으로 말을 만들면 난 그것을 타고 돌아다닐 테니 딴 마차가 뭐 필 요하겠나."

자여가 덧붙여 말했다.

"삶을 얻는 것도 때를 만났기 때문이고 삶을 잃는 것도 때를 만났기 때 문일세. 편안한 마음으로 받아들이고 순리에 따르면 슬픔이니, 기쁨이 니 하는 것이 끼어들 틈이 없지. 이것이 옛날부터 말하는 '현해懸解' 아 니겠나."

슬픈 일에 슬퍼하되 자기를 잃을 정도로 슬픔에 사로잡히지 않고, 즐거운 일에 즐거워하되 자기를 잃을 만큼 즐거움에 사로잡히지 않 는 것, 감정에 휘둘리지 않는 것을 옛 어르신들은 '현해懸解'라고 표현 하셨어요. 거꾸로 매달린 상태에서 풀려난다는 뜻이에요. 자기 마음 이 만들어 내는 고통에서 해방된다는 말이지요. 태어남도 죽음도 자 연스런 일일 뿐 기쁨, 슬픔 같은 감정이 끼어들 일이 아니라고 자여 는 친구에게 담담히 말했어요.

또 하루는 자래가 병이 났다. 숨이 차서 헐떡거리며 곧 죽을 것 같았 다. 자래의 아내와 자식들이 둘러싸고 울고 있는데 자려가 문병을 와

서 꾸짖었다.

"쉬잇, 저리들 가요. 죽는 사람을 놀라게 하지 말아요."

그렇게 가족을 물리치고 문가에 기대서서 죽어 가는 친구에게 말했다.

"위대하구나, 조화의 힘은 또 자네를 무엇으로 만들려는 것일까? 자네를 어디로 데려가려는 것일까? 자네를 쥐의 간으로 만들려나, 아니면 벌레의 팔뚝으로 만들려는 건가."

자래가 대답했다.

"부모가 자식에게 동서남북 어디를 가라 해도 자식은 그 명을 따르는 것. 하물며 자연의 변화가 시키는 것을 사람이 거부하겠나? 자연은 내게 몸을 주어 지니게 했고 삶을 주어 고달프게 했네. 늙음을 주어 평안하게 하고 죽음을 주어 쉬게 해 주니, 삶과 죽음은 이렇듯 하나로 이어진 것 아니겠나. 내가 삶을 좋다 하는 것은 바로 내 죽음도 좋다고 하는 말과 같은 것이네."

자래는 자기의 죽음을 훌륭한 대장장이가 쇠붙이를 녹여 새로운 물건을 만들려는 순간으로 받아들였어요. 쇠붙이가 뛰어오르면서 자기는 꼭 명검이 되고 말겠다고 소리친다면 대장장이는 불길한 쇠붙이라고 생각하겠지요. 마찬가지로 조물주가 새로운 형상을 빚으려는 지금, 사람이 기어코 다시금 사람으로 태어나겠다고 떠들어 댄다면 조물주 역시 불길한 인간이라고 생각할 거예요.

"세상을 커다란 화로로 여기고 자연의 조화를 훌륭한 대장장이로 생각한다면 무엇이 되든 좋지 않겠나. 그저 조용히 잠들었다가 퍼뜩 깨어날 뿐일세."

죽어가는 자래의 말이에요. 자사, 자여, 자려, 자래 이 네 친구들 정말 대단하지요?

"누가 과연 죽음과 삶, 있음과 없어짐이 하나임을 알 수 있을까? 그런 자와 벗 삼고 싶구나."

그렇게 말하면서 서로 쳐다보며 싱긋 웃고 벗이 되었던 네 사람이에요. 죽음과 삶, 있음과 없어짐이 하나라는 것을 아는 것, 그것을 한마디로 말하면 '도道'에요. 서왕모도, 팽조도, 자사, 자여, 자려, 자래 모두 삶과 죽음의 굴레에서 해방된 사람들, 자연의 조화를 받아들인 사람들, 다시 말하면 가장 소중한 하나, '도'를 얻은 사람들이랍니다.

틀 밖에서 노는 세 친구

자상호子桑戸, 맹자반孟子反, 자금장子琴張 세 사람이 이야기를 나누었다.

"누가 새삼 사귀는 게 아니면서도 사귀고, 서로 돕는 게 아니면서도 도울 수 있을까?"

"누가 과연 하늘에 올라 안개 속에 노닐며, 끝없는 곳을 자유롭게 돌아다니고, 삶을 잊어 마침내 영원히 살 수 있을까?"

이야기를 나누던 세 사람은 서로 쳐다보며 싱긋 웃더니 뜻이 맞아 친구가 되었다.

대체 무슨 말일까요? 알 듯 말 듯 아리송하죠?

사귐이 없이 사귄다는 것은 의식적으로 사귀지 않는다는 말이에요. '내가 이 사람과 친하게 지내야지.' 그렇게 마음먹거나 노력하지 않는다는 거예요. 사귐이 없이 사귀는 것은 어느 날 문득 보니 그 사람과 내가 뜻이 같고 행동하는 것이 같아 이미 친구가 되어 있는 것, 그런 '사귐'을 말하는 것이에요.

돕지 않고 돕는다는 말도 마찬가지예요. 돕는 줄도 모르고 돕는 거지요. 긴 가뭄 끝에 비가 내리면 농부들이 기뻐하시지요. 흡족하게 내린 비가 논에 찰랑거리고 메마른 밭은 촉촉하게 젖어 농작물에 생기가 돌아요. 그렇지만 비가 논밭을 살리겠다는 결심을 하고 내려온 건 아니죠. 그냥 내린 거예요.

생명을 살리는 비처럼, 햇빛처럼, 바람처럼 돕지 않고 돕는 일, 하지 않고 하는 일을 '무위無爲'라고 해요. 어떤 일을 일삼아 하지 않는다는 뜻이에요. 반대로, 마음먹고 노력하는 것을 '인위人爲', 혹은 '작위作爲'라고 하죠.

노자 할아버지와 장자 아저씨는 사람의 의지가 들어가기 쉬운 '인위'를 좋아하지 않으셨어요. 마음먹고 노력하는 것이 왜 나쁠까요? 따로 마음을 먹지 않고 자연의 법칙에 몸과 마음을 맡기면 차원이 다른 삶이 펼쳐지기 때문이에요. 그 점에 대해 장자 아저씨는 이렇게 설명하셨어요.

"샘물이 말라 물고기가 메마른 땅 위에 모여 서로 물기를 끼얹고, 서로 물거품으로 적셔 주는 것은 물이 가득한 강과 호수에서 서로의 존재를 잊고 있는 것만 못 하다."

도道와 하나 된 사람들이 단비같이, 햇빛같이, 바람같이 돕는 줄 모르고 돕는 세상을 장자 아저씨는 강과 호수로 비유했어요. 물고기는 마른 땅에서 서로 물기를 끼얹어 주는 수고를 할 게 아니라 깊은 강과 호수를 찾아가는 것이 지혜로운 일이죠. 장자 아저씨가 바라는 것이 바로 그거예요. 사람의 지혜, 사람의 의지, 그 좁은 틀에 갇혀 애쓰지 말고 자유롭고 한계가 없는 삶의 문을 열어 보라고요. 자상호와 맹자반과 자금장은 깊은 뜻이 담긴 상대방의 말을 알아들었어요.

같은 방향을 바라보고 끊임없이 자신을 갈고닦는 공부를 하는 친구를 '도반道伴'이라고 해요. 자상호와 맹자반과 자금장은 자기들이 이미 도반이란 것을 알아차렸어요. 서로 쳐다보며 싱긋 웃는 세 사람의 마음이 어땠을까요? 반갑고 기뻤겠지요? 행복했겠지요?

세 친구는 한동안 잘 지냈는데 어느 날 자상호가 죽었다. 공자님이 이 소식을 듣고 제자인 자공을 시켜 장례 일을 돕게 했다. 그런데 자공이 가 보니 맹자반과 자금장이 죽은 친구를 옆에 두고 거문고를 뜯으며 노래를 하고 있었다.

"아아, 상호야, 상호야. 자네는 이미 참된 근원으로 돌아갔는데, 우리만 아직 사람으로 남아 있구나."

자공이 기가 막혀 종종걸음으로 다가가 물었다.

"감히 묻겠습니다. 주검을 앞에 놓고 이렇게 노래를 부르는 것이 예禮입니까?"

두 사람이 마주 보고 싱긋 웃으면서 말했다.

"이 친구가 어찌 예의 뜻을 알겠나?"

도무지 이들의 행동을 이해할 수 없었던 자공이 돌아와 공자께 여쭈었다.

"주검 앞에서 예를 갖추는 게 아니라 노래를 부르며 얼굴색 하나 변하지 않으니 뭐라고 할 말이 없더군요. 그들은 대체 어떤 사람들일까요?"

자공은 죽음 앞에서 슬퍼하며 곡을 하는 것이 예라고 생각했어요. 삶을 좋아하고 죽음을 꺼리므로 죽음은 슬픈 일이 되는 거지요. 하지만 맹자반과 자금장에게 예란 사람의 생각과 모든 행동 양식이 근본으로 돌아가는 것이었어요.

근본이 뭘까요? 되풀이하여 말하지만 '자연自然'이죠. 자연스럽다는 말, 많이 들어 보았지요? 자연의 법칙은 엄정엄격하고 바름해요. 강물이 제 길 따라 흐르는 것이 '자연'이에요. 천 년을 아무 일 없이 맑게 흐르던 강에 보를 쌓아 물을 가두는 순간 물은 썩기 시작하죠. 그것이 '인위人爲'예요. 삶에 얽매이고, 집착하고, 죽음을 꺼리는 것은 강에 보를 쌓는 행동과 같아요. 자연이 아니라 인위예요. 두 사람에게 그것은 예가 아니었던 것이죠. 자공이 '사람'이라는 틀 안에 갇혀 있다면 세 친구는 틀 밖에서 자유롭게 노는 사람들이었어요.

공자께서 자공의 말에 이렇게 대답하셨어요.

"그들은 이 세상 밖에서 노니는 사람들이고, 나는 이 세상 안에서 노니는 사람이다. 세상의 안과 밖은 서로 동떨어진 곳인데 자네를 문상하러 보냈으니 내가 생각이 모자랐다."

사실, 공자께서 이런 말씀을 하신 적은 없어요. 자상호와 맹자반과 자금장은 ≪논어≫에 나오는 자상백, 맹지반 그리고 ≪맹자≫에 나오는 금장의 이름을 비슷하게 빌려 와 만들어 낸 인물인 것 같아요. 공자의 제자인 자공을 틀 안에 갇힌 좁은 사람으로 만들고 공자께서 반성까지 하시게 이야기를 꾸미다니 장자 아저씨는 참 엉뚱해요.

달을 가리키는 손가락을 보지 말고 달을 보라는 말이 있죠? 장자 아저씨가 공자께 이런 배역을 맡겨 드리면서 진짜로 말하려고 하는 것이 무엇인지 여러분도 세 친구처럼 알아듣고 싱긋 웃었으면 해요.

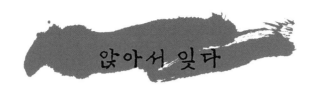

앉아서 잊다

하루는 공자의 제자 안회顔回가 공자께 와서 말했다.

"저는 뭔가 된 것 같습니다."

공자께서 물으셨다.

"무슨 말인가?"

"저는 예禮니, 악樂이니 하는 것들을 잊었습니다."

"좋지. 그러나 아직 멀었다."

얼마 후, 안회가 다시 공자를 뵙고 말했다.

"저는 뭔가 된 것 같습니다."

"무슨 말인가?"

"저는 인仁이니, 의義니 하는 것을 잊어버렸습니다."

"좋지, 그러나 아직 멀었다."

공자께서는 여전히 도리질하셨어요. 예법과 음악을 가리키는 예악
禮樂과 어짊과 의로움을 가리키는 인의仁義는 공자로부터 비롯된 유
학의 중요한 가르침이에요. 사람들이 바른 질서를 갖추고 서로 조화
롭게 살아가기 위해 마땅히 필요하다고 생각되는 것들이죠.

얼마 후, 안회가 다시 와서 말했다.
"저는 뭔가 된 것 같습니다."
"무슨 말인가?"
"저는 좌망을 하게 되었습니다."
공자께서 놀라워하는 표정으로 물으셨다.
"좌망이라니 그게 무슨 말인가?"

좌망坐忘은 '앉아서 잊는다'라고 풀이해요. 무엇을 잊는 걸까요? 안
회는 좌망에 대해 스승께 설명했어요.

"손발과 몸을 끊어 버리고 총명聰明을 지워 버립니다. 몸을 떠나고 지
혜를 몰아내 큰 도道와 하나로 되면 이를 좌망이라 합니다."

손발과 몸을 끊는다, 몸을 떠난다는 말을 들으니 몸이 오그라드는
병에 걸린 자여가 생각나네요. 형편없이 일그러진 몸에 몸살이 나서
정신이 왔다 갔다 할 만큼 고통스러운데도 우물에 제 모습을 비춰 보

면서 마치 남 이야기를 하듯 중얼거렸지요.

"조물주도 참 대단하구나. 내 몸을 이 지경으로 우그러뜨리다니."

몸이 병들거나 죽음이 가까워 오면 대부분의 사람들은 불행을 느낄 수밖에 없죠. 그런데 자여는 달랐어요. 조물주가 자신의 왼팔을 바꿔서 닭을 만들면, 그것으로 새벽을 알리겠다고 했어요. 오른팔을 바꿔서 활을 만들면, 그것으로 올빼미를 잡아 구워 먹을 것이고, 엉덩이를 수레바퀴로 만들고 넋으로 말을 만들면 그것을 타고 돌아다니겠다고 했죠. 병이 들든 죽음이 찾아오든 이 모든 것을 겉모습의 변화로 받아들일 뿐, 거기에 사로잡히지 않는 자여도 자기 몸을 잊은 사람이겠지요?

'총聰'은 잘 듣는 것이고 '명明'은 잘 보는 거예요. 총명을 지운다는 것, 지혜를 몰아낸다는 것은 보고 듣고 하는 감각에 사로잡히지 않는다는 말이에요. 자기가 아는 것에 매달리지 않는거죠. 왜 그러는 걸까요? 제대로 보고 제대로 듣고 제대로 알기 위해서지요.

같은 사람을 두고 사람마다 평가가 다른 경우가 있어요. 어떤 사람은 그가 정이 많고 부지런한 사람이라고 해요. 또 어떤 사람은 그가 냉정하고 욕심이 많으며 교만하다고 해요. 둘 다 맞고 둘 다 틀리다고 할 수 있어요. 한 사람은 그의 정 많고 부지런한 일면을 경험한 거고, 다른 한 사람은 그의 냉정하고 욕심 많고 교만한 일면을 경험한 거죠. 상황에 따라, 또 어떤 기준을 가지고 그를 바라보느냐에 따라 평가가 달라질 수 있어요. 경험이란, 즉 보고 듣는 총명이란 이렇듯 균형 잡힌 시각을 갖는 데 방해가 돼요. 그래서 자신의 경험을 절대적으로 믿는 것은 위험한 일이에요.

장자 아저씨는 늘 사람의 지혜와 지식을 경계하셨어요. 사람이 자기의 지혜와 지식을 확신하는 것을 경계했다고 해야 더 정확한 말이 되겠군요. 세상 만물 속에 깃든 자연의 법칙, 도의 세계에 이르기 이전의 지식과 지혜는 완전하지 않은 것이라고 되풀이하여 말씀해 주셨어요. 장미꽃이 피어나는 것은 꽃을 피워야겠다는 장미의 노력 때문이 아니에요. 장미꽃은 그렇게 피어나도록 되어 있어요. 봄의 의지로 봄이 오는 것이 아니라 때가 되면 봄이 오게 되어 있는 것이지요. 그것을 '자연自然'이라고 해요. '스스로自', '그러하다然'는 뜻이에요. 스스로 그러한 만물의 이치가 바로 도예요.

안회가 예악과 인의를 잊었다고 한 것은 그것을 실천하지 않겠다는 말이 아니라, 그것에 사로잡혀 있지 않게 되었다는 말이겠지요? 안회는 공자의 신뢰를 받는 어진 제자였어요. 예악과 인의가 이미 몸에 익어 이미 그것과 하나가 되어 있었을 것 같아요. 따로 힘써 행하지 않아도 삶을 통해 저절로 우러나왔겠지요. 안회는 이제 다음 단계로 넘어갈 때가 된 거예요.

공자께서 말씀하셨다.

"하나가 되면 좋고 싫은 게 없고 도道와 더불어 변화하면 어디에도 붙잡히지 않는다. 너는 참으로 훌륭하구나. 나도 너의 뒤를 따라야겠다."

나를 잃어버리는 것오상아(吾喪我), 앉아서혹은 서서, 누워서, 걸으면서 잊는 것좌망(坐忘) 모두 도에 이르는 데 걸림돌이 되는 자신을 버리고 다시 태어난다는 말이죠. 더 이상 바랄 것도 없고, 좋아할 것도 싫어할 것도 없는 참 자유인이 된 제자를 스승으로 삼겠다는 공자는 참 멋진 분이시죠?

이 이야기도 실제 있었던 일이 아니라 장자 아저씨의 시나리오예요. 공자께서 이 글을 읽으셨다면 화를 내셨을까요? 아마 허허 웃으셨을 것 같아요. 충분히 그러실 분이니까요.

혼돈의 죽음

7

스스로를 잊고
자연을 따르라

〈응제왕〉

스스로를 잊고 자연을 따르면
만물의 임금님이 될 만하대요.
좁은 생각에 갇히지 말고
우리가 받은 생명을 생명답게 누리면서
행복하게 살았으면 좋겠어요.

혼돈의 죽음

　지금까지 여러분에게 들려드린 장자 아저씨의 이야기는 서기 4세기, 서진西晉 시대의 곽상이란 사람이 장자 아저씨의 책을 정리하고 뜻을 풀이하여 수록한 책, ≪장자≫에서 골라 뽑은 것이에요. ≪장자≫에는 33편의 이야기가 실려 있는데 곽상은 그것을 〈내편〉 7편, 〈외편〉 15편, 〈잡편〉 11편으로 분류했어요. 곽상이 살았던 시대 이전에는 지금 전해지는 것보다 두 배쯤 많은 이야기가 있었다고 하는데 현재는 곽상이 정리한 33편만이 남아 있어요. 우리가 나눈 이야기는 그 중에서도 〈내편〉 7편에 담긴 것이지요. 〈내편〉의 글들이 비교적 오래된 부분이라는 점과 특히 〈내편〉 처음에 나오는 '소요유'와 '제물론' 두 편을 장자 본래의 사상으로 보는 점에서 여러 학자들의 의견이 일치하고 있답니다. 그동안 우리는 각각 '소요유', '제물론',

'양생주', '인간세', '덕충부', '대종사'라는 이름이 붙은 〈내편〉의 이야기 가운데 스물두 편을 뽑아 공부했어요. 장자 아저씨의 세계를 살짝 엿본 정도라고 해야 할까요? 하지만 전체를 모두 공부한다고 해도 그 공부를 통해 지금까지의 자신과 다른 사람이 되는 느낌을 맛보지 못한다면 공부를 제대로 했다고 할 수 없겠지요. 단 한 편을 읽더라도 장자 아저씨의 이야기에 감동하여 훌쩍 성장하는 경험을 할 수 있다면 그것이 진짜 공부라고 생각해요.

이제 〈내편〉의 마지막 장인 〈응제왕應帝王〉에 나오는 7편의 우화 가운데 마지막 이야기를 들려드릴게요. '응제왕'이라는 제목에는 '스스로를 잊고 자연을 따르면 만물의 제왕이 되기에 알맞다'라는 뜻이 담겨 있어요. 자연의 큰 도道를 터득하여 만물의 마음을 자신의 마음으로 삼고, 자연이 하는 일을 자기의 일로 삼으면 스스로 하는 일 없이 모든 일을 하는 경지에 이르게 되지요. 그렇지 않고 자신의 편협한 뜻을 세워 자연의 도로부터 멀어지면 모든 일을 스스로의 힘으로 하는 수고를 하게 돼요. 그러나 그 일은 수고롭기만 할 뿐, 자연스럽지 못한 방향으로 흘러가게 된다는 장자 아저씨의 이야기가 마지막 장에서도 되풀이 되고 있어요.

남해의 임금을 숙儵이라 하고 북해의 임금을 홀忽이라고 하고 중앙의 임금을 혼돈混沌이라고 한다.

'숙儵'은 '갑자기'라고 풀이할 수 있어요. 어떤 현상이 재빨리 나타나는 모양을 가리키죠. '홀忽'은 홀연히 사라지는 모양이에요. 그러니까 숙과 홀은 '있음'과 '없음'의 상대적인 세계를 상징하는 말이라고 할 수 있겠어요. 중앙은 남과 북의 중간이지만, 남도 아니고 북도 아닌 세상, 즉 있음과 없음 같은 상대적인 세계를 초월한 절대적인 경지를 상징하는 곳이에요. 혼돈은 카오스chaos−그리스의 우주 개벽설에서 우주가 발생하기 이전의 상태를 뜻하는 말로 혼돈이나 무질서 상태를 이른다예요.

천지가 아직 열리지 않고 모든 사물이 확실히 구별되지 않는 상태를 뜻하는'혼돈混沌', 중앙의 임금에게 참 잘 어울리는 이름이죠? 인위적인 차별이 없는 자연 그대로의 상태, 사람의 손길이 닿기 이전의 자연, 옳고 그름을 초월한 절대 경지, 대립되는 모든 것을 품어 안은 무질서가 혼돈이에요.

남해의 임금 숙과 북해의 임금 홀이 혼돈의 땅에서 만났다. 혼돈은 아주 융숭하게 두 임금을 대접했다. 감동한 숙과 홀이 혼돈의 은혜에 어떻게 보답할까 의논했다.
"사람은 누구나 눈, 귀, 코, 입의 일곱 구멍이 있어서 그것으로 보고 듣고 먹고 숨 쉬는데, 혼돈만은 구멍이 없다. 어디 시험 삼아 구멍을 뚫어 주자."
숙과 홀은 혼돈을 위해 하루에 하나씩 혼돈의 몸에 구멍을 뚫어 주었다. 7일이 지나자 혼돈은 그만 죽고 말았다.

숙과 홀은 은혜를 갚고자 했으나 오히려 혼돈을 죽게 만들었어요. 사람의 생각, 사람의 힘인 '인위人爲'가 완전한 세계를 파괴하는 것을 상징적으로 그려 낸 우화예요.

사람도 자연인데 어째서 사람의 손길이 닿으면 자연이 부자연이 되고, 생명은 죽음이 되는 걸까요? 우리가 어떤 존재이기에 우리가 하는 일에는 '인위人爲'라는 위험한 이름이 붙는 걸까요? 참 슬픈 일이에요. 장자 아저씨는 누구보다도 생명을 사랑하신 분이라는 생각이 들어요. 생명 있는 것들이 생명 있는 것답게 살아 있는 모습을 귀하게 보신 것 같아요. 장자 아저씨의 눈엔 무질서한 혼돈의 생명이 생명 없는 질서보다 완전한 거예요.

나물 캐는 사람들이 산을 함부로 밟으며 샅샅이 훑고 다니면서 산에 살던 많은 식물들이 멸종 위기에 처했다고 해요. 산나물을 돈으로만 보고 인정사정없이 뜯기 때문이에요. 산나물을 자신과 똑같은 생명으로 보지 않은 거예요. 산이 선물해 주는 귀한 음식을 먹을 만큼만 얻어 오겠다는 마음을 먹지 않은 거지요. 다른 생명을 배려하지 않는 사람의 끝없는 욕망은 다른 사람은 물론 자신도 해쳐요. 사람들이 고기를 지나치게 탐하면 가축을 점점 더 많이 기를 수밖에 없지요. 사람이 먹을 곡식마저 가축이 먹어야 해요. 그뿐 아니라 대량 사육되는 가축에게 생기는 질병을 막기 위해 살충제, 항생제를 계속 써야 하고요, 몸에 좋지 않은 그것들은 결국 고기를 먹는 사람의 몸으로 들어오게 되어 있어요. 지구의 한편에서는 먹을 것이 없어 사람이

죽어 가는데, 다른 편에서는 너무 많이 먹어서 생기는 병으로 사람이 죽어 가고 있어요.

그래서 장자 아저씨는 2400여 년 전에 이미 우리의 본래 모습이었던 자연으로 돌아가라고 외쳤던 거예요. 그렇게 되면 우리는 수고하지 않고도 저절로 피어나는 꽃처럼 아름답게 피어나 다른 생명들과 조화롭게 살 수 있다고 말이에요. 나무도 꽃도 바다도 하늘도 땅도 본래의 모습대로 살고 있는데 사람들만 이렇게 떨어져 나와 고통스럽게 사는 이유는 만물과 하나였던 처음 모습을 기억하지 못하기 때문이에요.

장자 아저씨의 첫 번째 이야기, '물고기가 변하여 새가 되다'를 기억하나요? 사람이 '자연自然'이라는 고귀한 신분을 되찾는 것이야말로 물고기 '곤'이 '붕'이 되는 기적이지요.

날갯짓으로 삼천 리에 파도를 일으키며 구만리장천을 단숨에 날아올라 늠름한 비행을 시작하는 붕새의 모습이 우리의 모습이라는 것을 기억하면서 멋지게 살았으면 좋겠어요.